新・事業承継税制
「特例承継計画の作成から納税猶予・免除まで」
手続きガイド

アースタックス税理士法人　編

税務研究会出版局

はじめに

　事業承継税制は、後継者が、中小企業における経営の承継の円滑化に関する法律（以下「円滑化法」という。）の認定を受けた非上場会社の株式等を現経営者から贈与又は相続等により取得した場合において、一定の要件を満たせばその株式等に係る贈与税や相続税の納税が猶予又は免除される制度である。

　中小企業経営者の高齢化が進む一方で、その後継者が未定である企業が数多く存在しており、中小企業の世代交代を促進する観点から、平成30年度税制改正において、事業承継税制について、これまでの措置に加え、10年間の特例規定として、納税猶予の対象となる非上場株式等の制限撤廃や納税猶予割合の引上げ（100％）等の特例規定が創設された。

　なお、この事業承継税制の特例規定を受けるためには、5年以内（平成35年（2023年）3月31日）までに「特例承継計画書」を作成し、10年以内に贈与又は相続等を行う必要がある。

　事業承継税制は、この計画書以外にも先代経営者から後継者への贈与・相続する場合には「第一種特例認定申請書」、先代経営者以外の株主から後継者への贈与・相続する場合には「第二種特例認定申請書」を提出して円滑化法の認定を受ける必要がある。

　また、税務署に対しても、事業承継税制の適用を受ける場合には、贈与税又は相続税の納税猶予手続きを行わなければならず、さらに納税猶予期間中には納税猶予の継続届出書を提出することとなり、納税の免除を行う場合には、納税猶予の免除手続き、その非上場会社が倒産した場合や災害等により被害を受けた場合などもそれぞれの申請手続きが必要となる。

　そこで本書では、事業承継税制の特例規定の概要を確認した上で、事業承継税制の適用を受けるための手続きの流れやそれぞれの書式の内容などを解説していく。

平成30年9月　　　　　　　　　　　　　　　アースタックス税理士法人

◆ 目　　次 ◆

第1編　制度理解編

1．事業承継税制の概要……………………………………………………… 6
　(1) 特例措置の概要　……………………………………………………　6
　(2) 中小企業・小規模事業者の再編・統合に係る税負担の軽減措置…　13
　(3) 納税猶予にあたっての事前計画の策定等　………………………　14

2．贈与税の納税猶予・免除制度…………………………………………… 19
　(1) 納税猶予規定　……………………………………………………… 19
　(2) 適用要件等　………………………………………………………… 20
　(3) 主な納税猶予の免除　……………………………………………… 26
　(4) 主な納税猶予の取消し　…………………………………………… 27

3．相続税の納税猶予・免除制度…………………………………………… 30
　(1) 納税猶予規定　……………………………………………………… 30
　(2) 適用要件等　………………………………………………………… 31
　(3) 主な納税猶予の免除　……………………………………………… 35
　(4) 主な納税猶予の取消し　…………………………………………… 35

4．特例贈与者が死亡した場合の相続税の課税の特例…………………… 38

5．特例贈与者が死亡した場合の相続税の納税猶予及び免除の特例…… 39
　(1) 納税猶予規定　……………………………………………………… 39
　(2) 適用要件等　………………………………………………………… 39
　(3) 主な納税猶予の免除　……………………………………………… 41
　(4) 主な納税猶予の取消し　…………………………………………… 41

第2編　申請手続き編

1. 事業承継税制の手続き……………………………………………… 44
   (1) 手続きの重要性 ………………………………………………… 44
   (2) 贈与税・相続税の納税猶予の特例制度の活用パターン ……… 45

2. 特例承継計画の作成から納税猶予・免除までの流れ…………… 51
   (1) 贈与税の納税猶予についての手続き ………………………… 51
   (2) 相続税の納税猶予についての手続き ………………………… 54

3. 特例承継計画について……………………………………………… 57
   (1) 特例承継計画の確認申請書の記載事項 ……………………… 57
   (2) 特例承継計画の確認申請書の記載例 ………………………… 60
   (3) 特例承継計画の変更 …………………………………………… 64
   (4) 特例承継計画の確認取消申請 ………………………………… 65

4. 納税猶予・免除を受けるための各種書類………………………… 67
   (1) 贈与税の納税猶予に関する手続き …………………………… 67
   (2) 贈与税の免除に関する手続き ………………………………… 88
   (3) 相続税の納税猶予に関する手続き …………………………… 90
   (4) 相続税の免除に関する手続き ………………………………… 109
   (5) 継続届出に関する手続き ……………………………………… 111

第3編　事業承継税制における留意点

1. 遺留分に関する民法の特例………………………………………… 148
2. 事業承継税制を適用する上での留意点…………………………… 159
3. 経営革新等支援機関の認定申請…………………………………… 161

本書は、平成30年9月1日現在の法令等によっています。

第1編
制度理解編

第1編　制度理解編

1. 事業承継税制の概要

(1) 特例措置の概要

　事業承継税制は、円滑化法第12条第1項に規定する経済産業大臣の認定（平成29年4月1日より都道府県知事の認定）を受けた非上場会社の後継者が、その会社の代表権を有していた経営者から贈与又は相続等によりその会社の株式等を取得する場合に、その株式等に係る贈与税又は相続税の納税を猶予又は免除される制度である。

　平成21年度税制改正にて「非上場株式等に係る贈与税及び相続税の納税猶予」制度が創設され、平成25年度税制改正にて適用要件の緩和や手続きの簡素化などの改正が行われ、「非上場株式等に係る贈与税及び相続税の納税猶予及び免除」（以下「一般措置」という。）に改められた。平成27年度及び平成29年度においても一部改正が行われたが、当該制度は、納税猶予の対象株式及び相続税の納税猶予の割合に制限がある等、贈与税及び相続税が負担となり円滑な事業承継に取り組めない中小企業経営者がいた。

　また、現状を放置すると中小企業の廃業の増加により地域経済に深刻な打撃を与える恐れがあることから、税負担の軽減や事業継続等の各種要件を見直し、中小企業経営者の事業承継をより一層後押しすることにより、事業の継続及び発展を通じた地域経済及び雇用の維持及び活性化を図る必要があった。

　そのため、平成30年度税制改正にて、一般措置の改正とともに、納税猶予の対象となる非上場株式等の対象株式数の上限撤廃や納税猶予割合の引上げ等がされた「非上場株式等についての贈与税及び相続税の納税猶予及び免

除の特例」（以下「特例措置」という。）が創設された。

　特例措置については、平成30年（2018年）1月1日から平成39年（2027年）12月31日までの贈与等について適用があり、その概要は以下のとおりである。

■一般措置と特例措置の主な相違点

	内　容	一般措置	特例措置
①	納税猶予の対象株式数	発行済株式等総数の3分の2（上限）	全ての株式
②	納税猶予の割合	贈与税:100% 相続税:80%	贈与税:100% 相続税:100%
③	納税猶予にあたっての事業承継パターン	1人の株主（先代経営者）から1人の後継者※	複数株主から最大3人の後継者
④	雇用確保要件	経営承継期間内（承継後5年間）平均8割の雇用維持が必要	左記の要件を満たせない場合でも一定の書類の提出により認められる
⑤	事業継続が困難な場合の減免措置	なし	あり
⑥	相続時精算課税制度の適用対象者	60歳以上の父母又は祖父母から20歳以上の直系卑属である推定相続人又は孫への贈与	左記のほか、60歳以上の者から推定相続人以外の20歳以上の者への贈与

※　平成30年度税制改正において、複数株主から1人の後継者への贈与等についても一般措置の対象となった。

① 納税猶予の対象株式の範囲拡大

　一般措置については、先代経営者から贈与等により取得した非上場株式等のうち、議決権株式等総数の3分の2に達するまでの株式等が対象となっているが、特例措置については、全ての議決権株式等が対象となった。

② 納税猶予割合の拡大

相続税の場合、一般措置については、猶予割合が80％となっており、実際に猶予される税額は全体の約53％（対象株式2/3×猶予割合80％）に留まっているが、特例措置については、猶予割合が100％となり全額を納税猶予とすることができる（対象株式3/3×猶予割合100％）ため、事業承継時の税負担がなくなった。

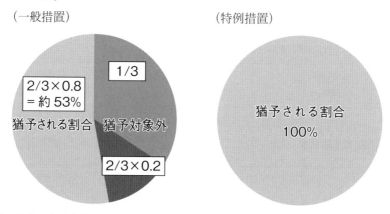

(出典) 平成30年度事業承継税制の改正の概要（平成30年4月　中小企業庁）を基に作成

③ 納税猶予にあたっての事業承継パターンの拡大

一般措置については、1人の先代経営者（平成30年4月1日以降の贈与等については、親族外を含む複数の株主）から1人の後継者へ贈与等される場合に適用を受けることができるが、特例措置については、親族外を含む複数の株主から代表者である後継者（最大3人）へ贈与等される場合にも適用を受けることができ、中小企業経営者の多様な事業承継パターンが支援されることとなった。

ただし、親族外の株主より贈与で後継者が株式を取得するケースは稀であると考えられることから、実務上においては配偶者からの贈与が対象となったことが承継パターンの拡大に寄与してくるだろう。

(一般措置)

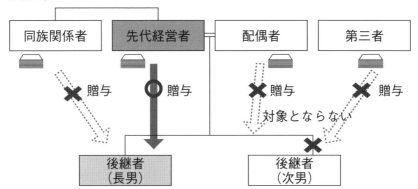

1人の先代経営者から1人の後継者への贈与のみが対象

(特例措置)

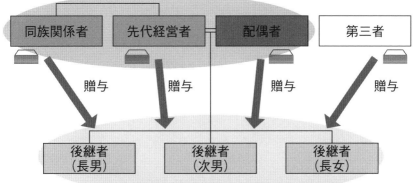

複数の後継者（最大3人）を対象とする
※代表権を有しているものに限る
※複数人で承継する場合、議決権割合の10%以上を有し、
　かつ議決権保有割合上位3位までの同族関係者に限る。

(出典) 平成30年度事業承継税制の改正の概要（平成30年4月　中小企業庁）を基に作成

④ 雇用確保要件の緩和

　一般措置については、事業承継後5年間の平均で雇用の8割を維持するという要件（以下「雇用確保要件」という。）につき、雇用確保要件を満たさなかった場合には、贈与税又は相続税の全額を納付する必要がある。

　雇用確保要件が一般措置の利用を躊躇させる要因のひとつになっていることから、特例措置については、雇用確保要件を満たさなかった場合には、その満たせなかった理由を記載した実績報告書で認定経営革新等支援機関（税理士、商工会、商工会議所等）の所見の記載があるもの（その理由が経営悪化である場合又は正当な理由が認められない場合には、その満たせなかった理由及び認定経営革新等支援機関の所見の記載のほか、認定経営革新等支援機関による指導及び助言の内容を記載したもの）を都道府県知事に提出することにより、納税猶予の期限が継続されることとなり、実質的に雇用確保要件が撤廃されることとなった。

　ただし、その実績報告書を所定の期限までに提出しない場合には、納税猶予の期限は継続されないことから注意が必要である。

⑤ 事業継続が困難な場合の減免措置

　一般措置については、後継者が自主廃業や売却を行う際に、経営環境の変化による株価が下落した場合でも、事業承継時の株価を基に贈与税額及び相続税額を算定した金額を納税する必要があるため、後継者に過大な税負担が生じうる状態である。

　特例措置については、経営環境の変化を示す一定の要件を満たす場合には、廃業時又は売却時の評価額を基に贈与税額及び相続税額を再計算し、事業承継時の株価を基に計算された贈与税額及び相続税額との差額を減免することにより、経営環境の変化による将来の不安を軽減する措置が講じられた。

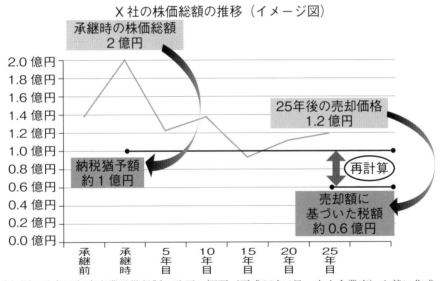

（出典）平成30年度事業承継税制の改正の概要（平成30年4月　中小企業庁）を基に作成

⑥ 相続時精算課税制度の適用対象者

　一般措置については、直系卑属である推定相続人又は孫への贈与のみが対象となるが、特例措置については、相続時精算課税制度の適用範囲を拡大し、納税猶予の取消しがあった場合に過大な税負担が生じないよう、贈与者の推定相続人又は孫以外の後継者への贈与も対象になることとなった。

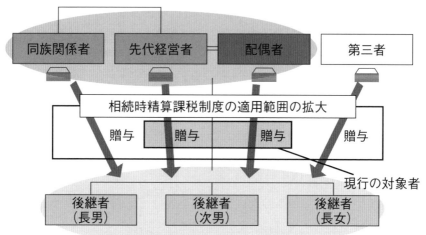

(出典) 平成30年度事業承継税制の改正の概要（平成30年4月　中小企業庁）を基に作成

(2) 中小企業・小規模事業者の再編・統合に係る税負担の軽減措置

平成30年度税制改正では、特例措置の創設のほか、後継者不在の場合にいわゆるM&Aや事業再編等による事業承継を円滑にするため登録免許税や不動産取得税を軽減している（中小企業等経営強化法に基づく経営力向上計画の認定を受けた事業者を対象）。

〈登録免許税の税率〉

		通常税率	計画認定時の税率
不動産の所有権移転の登記	合併による移転の登記	0.4%	0.2%
	分割による移転の登記	2.0%	0.4%
	その他の原因による移転の登記	2.0%※	1.6%

※ 平成31年3月31日まで、土地を売買した場合には1.5%に軽減

〈不動産取得税の税率〉

	通常税率	計画認定時の税率 （事業譲渡の場合※2）
土地 住宅	3.0%※1	2.5% (1/6減額相当)
住宅以外の家屋	4.0%	3.3% (1/6減額相当)

※1 平成33年3月31日まで、土地や住宅を取得した場合には3.0%に軽減されている。（住宅以外の建物を取得した場合は4.0%）
※2 合併・一定の会社分割の場合は非課税
※3 事業所や宿舎等の一定の不動産を除く

(3) 納税猶予にあたっての事前計画の策定等

　一般措置及び特例措置ともに、円滑化法第12条第1項に規定する認定を受ける必要がある。

　認定を受けるための手続きは、一般措置及び特例措置ともに、一定の事項の記載及び書類の添付をした申請書を所定の期限までに都道府県知事に提出することによって、その認定を受けることができる。

　ただし、特例措置の認定を受けるための手続きは一般措置と異なり、会社の後継者や承継時までの経営見通し等を記載した「特例承継計画」を策定し、認定経営革新等支援機関の所見を記載の上、平成35年（2023年）3月31日までに都道府県知事に提出し、都道府県知事の確認を受ける必要がある。

　平成25年度税制改正までは、経済産業大臣の確認を受ける必要があったが、現在は事務手続きの簡略化から不要となった。

① 一般措置の納税猶予を受けるための手続き
　イ　贈与税の納税猶予の場合

提出先		
都道府県庁	贈与の実行	
	認定	○贈与の翌年1月15日までに申請。 ○審査後、認定書が交付される。
税務署	税務署へ申告	○認定書の写しとともに、贈与税の申告書等を提出。 ○納税猶予税額及び利子税の額に見合う担保＊を提供。 　＊特例を受ける非上場株式の全てを担保提供すれば、納税猶予税額及び利子税の額に見合う担保提供があったものとみなされます。
税務署	納税猶予の開始	
	申告期限後5年間	○都道府県庁へ「年次報告書」を提出（年1回）。 　・認定時の要件を引き続き維持していることなどを報告。 ○税務署へ「継続届出書」を提出（年1回）。 　・引き続き納税猶予の特例を受けたい旨などを提出。
	5年経過後	○税務署へ「継続届出書」を提出（3年に1回）。 　・引き続き納税猶予の特例を受けたい旨などを提出。

（都道府県庁は申告期限後5年間の欄にも関与）

ロ　相続税の納税猶予の場合

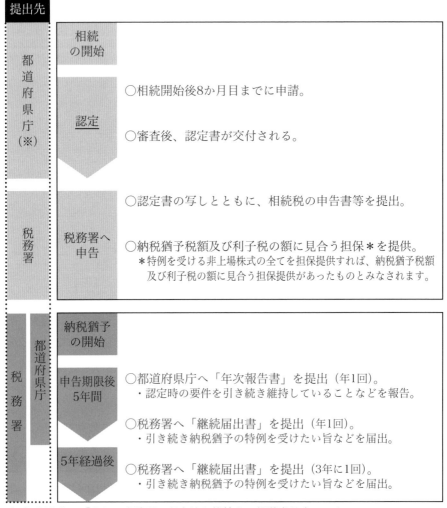

（※）提出先は「主たる事務所の所在地を管轄する都道府県庁」です。

（出典）事業承継の際の相続税・贈与税の納税猶予及び免除制度（平成29年9月　中小企業庁）を基に作成

② 特例措置の納税猶予を受けるための手続き

イ 贈与税の納税猶予の場合

提出先
- 提出先は「主たる事務所の所在地を管轄する都道府県庁」です。
- 平成30年1月1日以降の贈与について適用することができます。

都道府県庁

承継計画の策定
- 会社が作成し、認定支援機関（商工会、商工会議所、金融機関、税理士等）が所見を記載。
- ※「承継計画」は、当該会社の後継者や承継時までの経営見通し等が記載されたものをいいます。
- ※認定支援機関であれば、顧問税理士でも所見を記載できます。

贈与の実行
- 平成35年3月31日まで提出可能。
- ※平成35年3月31日までに相続・贈与を行う場合、相続・贈与後に承継計画を提出することも可能。

認定申請
- 贈与の翌年1月15日までに申請。
- 承継計画を添付。

税務署

税務署へ申告
- 認定書の写しとともに、贈与税の申告書等を提出。
- 相続時精算課税制度の適用を受ける場合には、その旨を明記

税務署／都道府県庁

申告期限後5年間
- 都道府県庁へ「年次報告書」を提出（年1回）。
- 税務署へ「継続届出書」を提出（年1回）。

5年経過後 実績報告
- 雇用が5年平均8割を下回った場合には、満たせなかった理由を記載し、認定支援機関が確認。その理由が、経営状況の悪化である場合等には認定支援機関から指導・助言を受ける。

6年目以降
- 税務署へ「継続届出書」を提出（3年に1回）。

ロ　相続税の納税猶予の場合

提出先
- ●提出先は「主たる事務所の所在地を管轄する都道府県庁」です。
- ●平成30年1月1日以降の相続について適用することができます。

都道府県庁	**承継計画の策定**	●会社が作成し、認定支援機関（商工会、商工会議所、金融機関、税理士等）が所見を記載。 ※「承継計画」は、当該会社の後継者や承継時までの経営見通し等が記載されたものをいいます。 ※認定支援機関であれば、顧問税理士でも所見を記載できます。
	相続の開始	●平成35年3月31日まで提出可能。 ※平成35年3月31日までに相続・贈与を行う場合、相続・贈与後に承継計画を提出することも可能。
	認定申請	●相続の開始後8か月以内に申請。 ●承継計画を添付。
税務署	税務署へ申告	●認定書の写しとともに、相続税の申告書等を提出。

税務署	都道府県庁	申告期限後5年間	●都道府県庁へ「年次報告書」を提出（年1回）。 ●税務署へ「継続届出書」を提出（年1回）。
		5年経過後**実績報告**	●雇用が5年平均8割を下回った場合には、満たせなかった理由を記載し、認定支援機関が確認。その理由が、経営状況の悪化である場合等には認定支援機関から指導・助言を受ける。
		6年目以降	●税務署へ「継続届出書」を提出（3年に1回）。

（出典）納税猶予を受けるための手続（平成30年4月　中小企業庁）を基に作成

2．贈与税の納税猶予・免除制度

　贈与税の納税猶予・免除制度について、特例措置の適用を前提として記載するが、一般措置と特例措置で大きく異なる部分に関しては、別途、その内容を記載することとする。それではまず、法令上の用語を比較しておくこととする。

	一般措置（措法70の7）	特例措置（措法70の7の5）
承継会社	認定贈与承継会社	特例認定贈与承継会社
非上場株式等	対象受贈非上場株式等	特例対象受贈非上場株式等
経営承継する者	経営承継受贈者	特例経営承継受贈者
経営承継期間	経営贈与承継期間	特例経営贈与承継期間

(1) 納税猶予規定

　特例認定贈与承継会社の非上場株式等（議決権に制限のないものに限る。以下同じ。）を有していた個人として一定の者（以下「特例贈与者」という。）が特例経営承継受贈者にその非上場株式等の贈与（平成30年1月1日から平成39年12月31日までの間の最初のこの規定の適用に係る贈与及びその贈与の日から特例経営贈与承継期間の末日までの間に贈与税の申告書の提出期限が到来する贈与に限る。）をした場合において、その贈与が次の場合の区分に応じて定める贈与であるときは、その特例経営承継受贈者のその贈与の日の属する年分の贈与税で贈与税の申告書の提出により納付すべきものの額のうち、特例対象受贈非上場株式等に係る納税猶予分の贈与税額に相当する贈与税については、その年分の贈与税の申告書の提出期限までにその納税猶予分の贈与税額に相当する担保を提供した場合に限り、その特例贈与者の死亡の日まで、その納税を猶予する。

① 特例経営承継受贈者が1人である場合
　イ　A≧B×2／3－Cの場合
　　「B×2／3－C」以上の数等に相当する非上場株式等の贈与
　ロ　イ以外の場合
　　「A」の全ての贈与
② 特例経営承継受贈者が2人又は3人である場合
　　「D≧B×1／10」、かつ、「D＞E」となる贈与

> A：その贈与の直前において、その特例贈与者が有していたその特例認定贈与承継会社の非上場株式等の数等
> B：その特例認定贈与承継会社の発行済株式等（議決権に制限のないものに限る。）の総数等
> C：その特例経営承継受贈者が有していたその特例認定贈与承継会社の非上場株式等の数等
> D：その贈与後におけるいずれの特例経営承継受贈者の有するその特例認定贈与承継会社の非上場株式等の数等
> E：その特例贈与者の有するその特例認定贈与承継会社の非上場株式等の数等

> 一般措置においては、贈与の適用期限がなく、経営承継受贈者は一の者に限られるため、②の場合がないこととなる。

(2) 適用要件等

① 特例認定贈与承継会社

円滑化法第2条に規定する中小企業者（以下「中小企業者」という。）のうち特例円滑化法認定を受けた会社で、2．(1) の規定の適用に係る贈与の時において、次の要件の全てを満たすものをいう。
　イ　その会社の常時使用従業員の数が1人以上であること。
　ロ　その会社が、資産保有型会社 (注1) 又は資産運用型会社 (注2)（以下「資産保有型会社等」という。）のうち事業実態 (注3) があるもの以外のものに該当しないこと。
　ハ　その会社及びその会社と特別の関係がある会社（同族関係者と合わせ

て他の会社に係る総株主等議決権数の100分の50を超える議決権数を保有する場合における当該他の会社をいう。以下「特別関係会社」という。)のうち一定の会社（以下「特定特別関係会社」という。）の株式等が、非上場株式等に該当すること。
ニ　その会社及び特定特別関係会社が、風俗営業会社に該当しないこと。
ホ　その会社の特別関係会社が外国会社に該当する場合（その会社又はその会社との間に支配関係がある法人がその特別関係会社の株式等を有する場合に限る。）には、その会社の常時使用従業員の数が5人以上であること。
ヘ　上記のほか、会社の円滑な事業の運営を確保するために必要とされる一定の要件を備えているものであること。

　　（注1）　資産保有型会社とは、納税猶予期間（特例認定贈与承継会社の資産状況を確認する期間として、その贈与の日の属する事業年度の直前の事業年度の開始の日からその特例認定贈与承継会社に係る特例経営承継受贈者の猶予中贈与税額に相当する贈与税の全部につき、納税の猶予に係る期限が確定する日までの期間）内のいずれかの日において、総資産の帳簿価額の総額等に対する特定資産（注4）の帳簿価額等の割合が100分の70以上の会社をいう。

　　（注2）　資産運用型会社とは、納税猶予期間（特例認定贈与承継会社の資産の運用状況を確認する期間として、その贈与の日の属する事業年度の直前の事業年度の開始の日からその特例認定贈与承継会社に係る特例経営承継受贈者の猶予中贈与税額に相当する贈与税の全部につき、納税の猶予に係る期限が確定する日までに終了する事業年度末日までの期間）内のいずれかの事業年度において、総収入金額に占める特定資産の運用収入の合計額の割合が100分の75以上の会社をいう。

　　（注3）　事業実態があるものとは、次の要件の全てに該当するもの等をいう。
　　　　（イ）　贈与の日まで引き続き3年以上にわたり、商品の販売等（商品販売、一定の資産の貸付け等）を行っていること。

(ロ) 贈与の時において、親族外従業員（特例経営承継受贈者及びその特例経営承継受贈者と生計を一にする親族以外の常時使用従業員）が5人以上いること。

(ハ) 贈与の時において、事務所、店舗、工場等を所有又は賃借していること。

(注4) 特定資産とは、円滑化法施行規則第1条第12項第2号イからホまでに掲げる有価証券、不動産、ゴルフ会員権、貴金属等、現金、預貯金等並びに特例経営承継受贈者等及び同族関係者に対する貸付金・未収金をいう。

② 特例円滑化法認定

円滑化法第12条第1項（同項第1号に係る認定として、同法施行規則第6条第1項第11号又は第13号の事由に係る認定に限る。）の経済産業大臣（同法第16条の規定に基づく政令の規定により都道府県知事が行うこととされている場合にあっては、その都道府県知事）の認定をいう。

なお、特例円滑化法認定を受けるためには、認定経営革新等支援機関（注1）の指導及び助言を受けて特例承継計画（注2）を作成し、これについて、平成35年3月31日までに都道府県知事の確認を受ける必要がある。

(注1) 認定経営革新等支援機関とは、中小企業等経営強化法の規定による認定を受けた税務、金融及び企業財務に関する専門的知識や支援に係る実務経験が一定レベル以上の個人、法人、中小企業支援機関等（税理士、公認会計士、金融機関、商工会等）であって、中小企業に対して専門性の高い支援事業を行うものをいう。

(注2) 特例承継計画とは、中小企業者の経営を確実に承継するための具体的な計画であって、これには、後継者（最大で3人まで）、後継者が非上場株式等を取得するまでの計画及び後継者が非上場株式等を取得してから5年間の経営計画を定める必要がある。

> 一般措置における円滑化法認定については、円滑化法施行規則第6条第1項第7号又は第9号の事由に係る認定に限る。
> なお、特例承継計画の都道府県知事の確認は不要となる。

③ 特例贈与者の範囲

同一の会社について、複数の者からの贈与についても適用を受けることができるようになったが、贈与の時期により、特例贈与者の要件が異なることとなる。

イ 最初の贈与に係る特例贈与者（ロ以外の場合）

2．(1)の規定の適用に係る贈与の時前において、特例認定贈与承継会社の代表権を有していた個人で、次の要件の全てを満たすもの。

(イ) その贈与の直前（その個人がその贈与の直前においてその特例認定贈与承継会社の代表権を有しない場合には、その個人が代表権を有していた期間内のいずれかの時及びその贈与の直前（(ロ)において同じ。)）において、その個人及びその同族関係者の有するその特例認定贈与承継会社の非上場株式等に係る議決権の数の合計が、その特例認定贈与承継会社の総株主等議決権数の100分の50を超える数であること。

(ロ) その贈与の直前において、その個人が有するその特例認定贈与承継会社の非上場株式等に係る議決権の数が、その個人の同族関係者（その特例認定贈与承継会社の特例経営承継受贈者となる者を除く。）のうちいずれの者が有するその非上場株式等に係る議決権の数をも下回らないこと。

(ハ) その贈与の時において、その個人がその特例認定贈与承継会社の代表権を有していないこと。

ロ 2回目以降の贈与に係る特例贈与者（2．(1)の規定の適用に係る贈与の直前において、次のいずれかに該当する者がある場合）

特例認定贈与承継会社の非上場株式等を有していた個人で、その贈与

の時においてその特例認定贈与承継会社の代表権を有していないもの。
- (イ) その特例認定贈与承継会社の非上場株式等について、2．(1)、3．(1) 又は5．(1) の規定の適用を受けている者。
- (ロ) イの者から2．(1) の規定の適用に係る贈与によりその特例認定贈与承継会社の非上場株式等の取得をしている者（(イ) の者を除く。）。
- (ハ) 3．(2)③イの特例被相続人から3．(1) の規定の適用に係る相続又は遺贈によりその特例認定贈与承継会社の非上場株式等の取得をしている者（(イ) の者を除く。）。

④ 特例経営承継受贈者

特例贈与者から2．(1) の規定の適用に係る贈与により特例認定贈与承継会社の非上場株式等の取得をした個人で、次の要件の全てを満たす者（その者が2人又は3人以上の場合には、その特例認定贈与承継会社が定めた2人又は3人までに限る。）をいう。

- イ その贈与の日において、20歳以上であること。
- ロ その贈与の時において、その特例認定贈与承継会社の代表権を有していること。
- ハ その贈与の時において、その個人及びその同族関係者の有するその特例認定贈与承継会社の非上場株式等に係る議決権の数の合計が、その特例認定贈与承継会社の総株主等議決権数の100分の50を超える数であること。
- ニ 次の場合の区分に応じ、それぞれの要件を満たしていること。
  - (イ) その個人が1人の場合
    その贈与の時において、その個人の議決権の数が、その同族関係者のうちいずれの者（その個人以外の2．(1)、3．(1) 又は5．(1) の規定の適用を受けている者を除く。(ロ) において同じ。）が有

する議決権の数をも下回らないこと。
- (ロ) その個人が2人又は3人の場合
その贈与の時において、その個人の議決権の数が、総株主等議決権数の100分の10以上であること及びその同族関係者のうちいずれの者が有する議決権の数をも下回らないこと。
- ホ その贈与の時からその贈与の日の属する年分の贈与税の申告書の提出期限まで引き続きその取得をした特例対象受贈非上場株式等の全てを有していること。
- ヘ その贈与の日まで引き続き3年以上にわたりその特例認定贈与承継会社の役員のその他の地位を有していること。
- ト 特例認定贈与承継会社の非上場株式等について、一般措置による非上場株式等の贈与税・相続税の納税猶予及び免除（措法第70条の7①、措法第70条の7の2①、措法第70条の7の4①）の適用を受けていないこと。
- チ 特例認定贈与承継会社の経営を確実に承継すると認められる要件として、都道府県知事の確認を受けた特例承継計画に定められた特例後継者であること。

⑤　特例経営贈与承継期間

2．(1)の規定の適用に係る贈与の日の属する年分の贈与税の申告期限の翌日から次の日のいずれか早い日又は特例経営承継受贈者若しくは特例贈与者の死亡の日の前日のいずれか早い日までの期間をいう。
- イ 特例経営承継受贈者の最初のその贈与の日の属する年分の贈与税の申告書の提出期限の翌日以後5年を経過する日
- ロ 特例経営承継受贈者の最初の3．(1)の規定の適用に係る相続税の申告書の提出期限の翌日以後5年を経過する日

⑥　特例対象受贈非上場株式等

贈与により取得した特例認定贈与承継会社の非上場株式等で贈与税の申告

書に2．(1)の規定の適用を受けようとする旨の記載があるものをいう。

> 一般措置においては、発行済株式等の総数等の3分の2に達するまでの部分という適用上限がある。

⑦ 納税猶予分の贈与税額

納税猶予分の贈与税額は、次のいずれかに掲げる場合の区分に応じ、それぞれに定める金額をいう。

イ 暦年課税の場合

特例対象受贈非上場株式等の価額をその年分の贈与税の課税価格とみなして、贈与税の基礎控除及び税率（相法第21条の5及び第21条の7、措法第70条の2の4及び第70条の2の5の規定を含む。）を適用して計算した金額。

ロ 相続時精算課税の場合

特例対象受贈非上場株式等の価額をその年分の贈与税の課税価格とみなして、相続時精算課税に係る贈与税の特別控除及び税率（相法第21条の12及び第21条の13）の規定を適用して計算した金額。

(3) 主な納税猶予の免除

特例経営承継受贈者、特例贈与者又は特例認定贈与承継会社が次のいずれかに該当することとなった場合には、それぞれに定める贈与税を免除する。

① 特例経営承継受贈者が死亡した場合

猶予中贈与税額の全額。

② 特例贈与者が死亡した場合

猶予中贈与税額のうち、特例対象受贈非上場株式等に対応する部分の贈与税。

③ 特例経営贈与承継期間の末日の翌日以後に、特例経営承継受贈者が特例対象受贈非上場株式等につき一般措置（措法第70条の7①）又は2．(1)の規定の適用に係る贈与をした場合

猶予中贈与税額のうち、その贈与に係る特例対象受贈非上場株式等でこれらの規定の適用に係るものに対応する部分の贈与税。
④ 特例経営贈与承継期間の末日の翌日以後に、特例認定贈与承継会社について破産手続開始の決定又は特別清算開始の命令があった場合
　猶予中贈与税額から特例経営承継受贈者がその特例認定贈与承継会社から受けた一定期間の剰余金の配当等の額等を控除した残額の贈与税。
⑤ 特例経営贈与承継期間の末日の翌日以後に、その特例経営承継受贈者がその特例対象受贈非上場株式等の全部又は一部の譲渡等をした場合（その特例認定贈与承継会社の事業の継続が困難な一定の事由が生じた場合（注）に限る。）
　その対価の額（譲渡等の時の相続税評価額の2分の1以下である場合には、その2分の1相当額）を基に再計算した税額と特例経営承継受贈者がその特例認定贈与承継会社から受けた一定期間の剰余金の配当等の額等との合計額が猶予中贈与税額に満たないときにおけるその満たない贈与税。

　(注) 事業の継続が困難な一定の事由が生じた場合とは、次のいずれかに該当する場合をいう。
　　イ　過去3年間のうち2年以上赤字の場合
　　ロ　過去3年間のうち2年以上売上減の場合
　　ハ　有利子負債≧売上の6か月分の場合
　　ニ　類似業種の上場企業の株価が前年の株価を下回る場合
　　ホ　心身の故障等により特例経営承継受贈者による事業の継続が困難な場合（譲渡・合併のみ）

　　一般措置においては、⑤の事業の継続が困難な一定の事由が生じた場合の免除の適用はない。

(4) 主な納税猶予の取消し

　特例経営承継受贈者又は特例認定贈与承継会社が次表のいずれかに該当することとなった場合には、その該当日から2か月を経過する日をもって納税

猶予期限となり、それぞれの事由に係る贈与税と利子税を併せて納付する。

① 「A」に該当する場合

　納税が猶予されている贈与税の全額と利子税を併せて納付し、納税猶予は終了する。

② 「B」に該当する場合

　納税が猶予されている贈与税のうち、譲渡等した部分に対応する贈与税と利子税を併せて納付し、その譲渡等した部分に対応する納税猶予は終了する。

③ 「C」に該当する場合

　引き続き納税猶予が継続する。

主な納税猶予の取消し事由	特例経営贈与承継期間内	特例経営贈与承継期間後
特例経営承継受贈者が代表権を有しないこととなった場合（注1）	A	C
雇用確保要件（5年間平均で8割確保）を満たさなかった場合（注2）	C	C
特例経営承継受贈者及び同族関係者の議決権の数の合計が総株主等議決権数の100分の50以下となった一定の場合	A	C
特例経営承継受贈者が特例対象受贈非上場株式等の一部の譲渡等をした場合	A	B
特例認定贈与承継会社が一定の資産保有型会社等に該当することとなった場合	A	A
特例認定贈与承継会社の事業年度における総収入金額（営業外収益及び特別利益を除く。）が零となった場合	A	A

（注1）代表権を有しないこととなったことについて一定のやむを得ない理由がある場合を除く。

（注2）特例経営贈与承継期間の5年間の平均の常時使用従業員数が贈与の時の常時使用従業員数の8割を下回った場合であっても、当該事由をもって納税猶予期限が確

定することはない。この場合には、8割を下回ることとなった理由について、都道府県知事の確認を受けなければならない。その際、特例経営贈与承継期間の末日の翌日から4か月を経過する日までに、その8割を下回った理由について、認定経営革新等支援機関の所見の記載があり、かつ、この理由が経営状況の悪化である場合又はその認定経営革新等支援機関が正当と認められないと判断した場合には、その認定経営革新等支援機関による経営力の向上に係る指導及び助言を受けた旨の記載のある報告書の写しを都道府県知事に提出するものとする。なお、継続届出書の提出がない場合には、納税が猶予されている贈与税の全額と利子税を納付することとなる。

> 一般措置においては、雇用確保要件（5年間平均で8割確保）を満たさなかった場合には、納税が猶予されている贈与税の全額と利子税を併せて納付することとなる。

3．相続税の納税猶予・免除制度

相続税の納税猶予・免除制度についても、特例措置の適用を前提として記載するが、一般措置と特例措置で大きく異なる部分に関しては、別途、その内容を記載することとする。それではまず、法令上の用語を比較しておくこととする。

	一般措置（措法70の7の2）	特例措置（措法70の7の6）
承継会社	認定承継会社	特例認定承継会社
非上場株式等	対象非上場株式等	特例対象非上場株式等
経営承継する者	経営承継相続人等	特例経営承継相続人等
経営承継期間	経営承継期間	特例経営承継期間

（1）　納税猶予規定

特例認定承継会社の非上場株式等（議決権に制限のないものに限る。以下同じ。）を有していた個人として一定の者（以下「特例被相続人」という。）から相続又は遺贈によりその特例認定承継会社の非上場株式等の取得（平成30年1月1日から平成39年12月31日までの間の最初のこの規定の適用に係る相続又は遺贈による取得及びその取得の日から特例経営承継期間の末日までの間に相続税の申告書の提出期限が到来する相続又は遺贈による取得に限る。）をした特例経営承継相続人等が、その相続に係る相続税の申告書の提出により納付すべき相続税の額のうち、特例対象非上場株式等に係る納税猶予分の相続税額に相当する相続税については、その相続税の申告書の提出期限までにその納税猶予分の相続税額に相当する担保を提供した場合に限り、その特例経営承継相続人等の死亡の日まで、その納税を猶予する。

> 一般措置においては、相続又は遺贈の適用期限がなく、経営承継相続人等は一の者に限られる。また、納税猶予割合は80％となる。

(2) 適用要件等

① 特例認定承継会社

中小企業者のうち、特例円滑化法認定を受けた会社で、3．(1)の規定の適用に係る相続開始の時において、次の要件の全てを満たすものをいう。

- イ　その会社の常時使用従業員の数が1人以上であること。
- ロ　その会社が、資産保有型会社等のうち事業実態があるもの以外のものに該当しないこと。
- ハ　その会社及び特定特別関係会社の株式等が、非上場株式等に該当すること。
- ニ　その会社及び特定特別関係会社が、風俗営業会社に該当しないこと。
- ホ　その会社の特別関係会社が外国会社に該当する場合（その会社又はその会社との間に支配関係がある法人がその特別関係会社の株式等を有する場合に限る。）には、その会社の常時使用従業員の数が5人以上であること。
- ヘ　上記のほか、会社の円滑な事業の運営を確保するために必要とされる一定の要件を備えているものであること。

② 特例円滑化法認定

円滑化法第12条第1項（同項第1号に係る認定として、同法施行規則第6条第1項第12号又は第14号の事由に係る認定に限る。）の経済産業大臣（同法第16条の規定に基づく政令の規定により都道府県知事が行うこととされている場合にあっては、その都道府県知事）の認定をいう。

なお、特例円滑化法認定を受けるためには、2．の特例と同様に認定経営革新等支援機関の指導及び助言を受けて特例承継計画を作成し、これについて、平成35年3月31日までに都道府県知事の確認を受ける必要がある。

> 一般措置における円滑化法認定については、円滑化法施行規則第6条第1項第8号又は第10号の事由に係る認定に限る。
> なお、特例承継計画の都道府県知事の確認は不要となる。

③ 特例被相続人の範囲

2．(2)③と同様に、同一の会社について、複数の者からの相続又は遺贈についても適用を受けることができるようになったが、相続又は遺贈の時期により、特例被相続人の要件が異なることとなる。

イ　最初の相続又は遺贈に係る特例被相続人（3．ロ以外の場合）

(1)の規定の適用に係る相続開始前において、特例認定承継会社の代表権を有していた個人で、次の要件の全てを満たすもの。

(イ)　その相続開始の直前（その個人がその相続開始の直前においてその特例認定承継会社の代表権を有しない場合には、その個人が代表権を有していた期間内のいずれかの時及びその相続開始の直前（(ロ)において同じ。））において、その個人及びその同族関係者の有するその特例認定承継会社の非上場株式等に係る議決権の数の合計が、その特例認定承継会社の総株主等議決権数の100分の50を超える数であること。

(ロ)　相続開始の直前において、その個人が有するその特例認定承継会社の非上場株式等に係る議決権の数が、その個人の同族関係者（その特例認定承継会社の特例経営承継相続人等となる者を除く。）のうちいずれの者が有するその非上場株式等に係る議決権の数をも下回らないこと。

ロ　2回目以降の相続又は遺贈に係る特例被相続人（3．(1)の規定の適用に係る相続開始の直前において、次のいずれかに該当する者がある場合）
特例認定承継会社の非上場株式等を有していた個人。

(イ)　その特例認定承継会社の非上場株式等について、2．(1)、3．(1)又は5．(1)の規定の適用を受けている者。

(ロ)　2．(2)③イの者から2．(1)の規定の適用に係る贈与によりその特例認定承継会社の非上場株式等の取得をしている者（(イ)の者を除く。）。

(ハ)　イの者から3．(1)の規定の適用に係る相続又は遺贈によりそ

の特例認定承継会社の非上場株式等の取得をしている者（(イ)の者を除く。）。

④　特例経営承継相続人等
　特例被相続人から３．(1)の規定の適用に係る相続又は遺贈により特例認定承継会社の非上場株式等の取得をした個人で次の要件の全てを満たす者（その者が２人又は３人以上の場合には、その特例認定承継会社が定めた２人又は３人までに限る。）をいう。
　イ　その相続開始の日の翌日から５か月を経過する日において、その特例認定承継会社の代表権を有していること。
　ロ　その相続開始の時において、その個人及びその同族関係者の有するその特例認定承継会社の非上場株式等に係る議決権の数の合計が、その特例認定承継会社の総株主等議決権数の100分の50を超える数であること。
　ハ　次の場合の区分に応じ、それぞれの要件を満たしていること。
　　(イ)　その個人が１人の場合
　　　　その相続開始の時において、その個人の議決権の数が、その同族関係者のうちいずれの者（既に同一の会社について２．(1)、３．(1)又は５．(1)の規定の適用を受けている者を除く。(ロ)において同じ。）が有する議決権の数をも下回らないこと。
　　(ロ)　その個人が２人又は３人の場合
　　　　その相続開始の時において、その個人の議決権の数が、総株主等議決権数の100分の10以上であること及びその同族関係者のうちいずれの者が有する議決権の数をも下回らないこと。
　ニ　その相続開始の時からその相続に係る相続税の申告書の提出期限まで引き続きその取得をした特例対象非上場株式等の全てを有していること。
　ホ　特例認定承継会社の非上場株式等について、一般措置による非上場株

式等の贈与税・相続税の納税猶予及び免除（措法第70条の7①、措法第70条の7の2①、措法第70条の7の4①）の適用を受けていないこと。
　ヘ　特例認定承継会社の経営を確実に承継すると認められる要件として、都道府県知事の確認を受けた特例承継計画に定められた特例後継者であること、かつ、3．(1)の規定の適用に係る相続開始の直前において特例認定承継会社の役員であったこと（特例被相続人が60歳未満で死亡した場合を除く。）。

⑤　特例経営承継期間
　3．(1)の規定の適用に係る相続税の申告期限の翌日から次の日のいずれか早い日又は特例経営承継相続人等の死亡の日の前日のいずれか早い日までの期間をいう。
　イ　特例経営承継相続人等の最初の3．(1)の特例規定の適用に係る相続税の申告書の提出期限の翌日以後5年を経過する日
　ロ　特例経営承継相続人等の最初の2．(1)の特例規定の適用に係る贈与の日の属する年分の贈与税の申告書の提出期限の翌日以後5年を経過する日

⑥　特例対象非上場株式等
　相続又は遺贈により取得した特例認定承継会社の非上場株式等で相続税の申告書に3．(1)の特例規定の適用を受けようとする旨の記載があるものをいう。

> 一般措置においては、発行済株式等の総数等の3分の2に達するまでの部分という適用上限がある。

⑦　納税猶予分の相続税額
　特例対象非上場株式等の価額を特例経営承継相続人等の相続税の課税価格とみなして、一定の計算をした特例経営承継相続人等の相続税の額。

(3) 主な納税猶予の免除

特例経営承継相続人等又は特例認定承継会社が次のいずれかに該当することとなった場合には、それぞれに定める相続税を免除する。

① 特例経営承継相続人等が死亡した場合

猶予中相続税額の全額。

② 特例経営承継期間の末日の翌日以後に、特例経営承継相続人等が特例対象非上場株式等につき一般措置（措法第70条の7①）又は2．（1）の規定の適用に係る贈与をした場合

猶予中相続税額のうち、その贈与に係る特例対象非上場株式等でこれらの措置の適用に係るものに対応する部分の相続税。

③ 特例経営承継期間の末日の翌日以後に、特例認定承継会社について破産手続開始の決定又は特別清算開始の命令があった場合

猶予中相続税額から特例経営承継相続人等がその特例認定承継会社から受けた一定期間の剰余金の配当等の額等を控除した残額の相続税。

④ 特例経営承継期間の末日の翌日以後に、その特例経営承継相続人等がその特例対象非上場株式等の全部又は一部の譲渡等をした場合（その特例認定承継会社の事業の継続が困難な一定の事由が生じた場合に限る。）

その対価の額（譲渡等の時の相続税評価額の2分の1以下である場合には、その2分の1相当額）を基に再計算した税額と特例経営承継相続人等がその特例認定承継会社から受けた一定期間の剰余金の配当等の額等との合計額が猶予中相続税額に満たないときおけるその満たない相続税。

> 一般措置においては、④の事業の継続が困難な一定の事由が生じた場合の免除の適用はない。

(4) 主な納税猶予の取消し

特例経営承継相続人等又は特例認定承継会社が次表のいずれかに該当することとなった場合には、その該当日から2か月を経過する日をもって納税猶

予期限となり、それぞれの事由に係る相続税と利子税を併せて納付する。

① 「A」に該当する場合

　納税が猶予されている相続税の全額と利子税を併せて納付し、納税猶予は終了する。

② 「B」に該当する場合

　納税が猶予されている相続税のうち、譲渡等した部分に対応する相続税と利子税を併せて納付し、その譲渡等した部分に対応する納税猶予は終了する。

③ 「C」に該当する場合

　引き続き納税猶予が継続する。

主な納税猶予の取消し事由	特例経営承継期間内	特例経営承継期間後
特例経営承継相続人等が代表権を有しないこととなった場合（注1）	A	C
雇用確保要件（5年間平均で8割確保）を満たさなかった場合（注2）	C	C
特例経営承継相続人等及び同族関係者の議決権の数の合計が総株主等議決権数の100分の50以下となった一定の場合	A	C
特例経営承継相続人等が特例対象非上場株式等の一部の譲渡等をした場合	A	B
特例認定承継会社が一定の資産保有型会社等に該当することとなった場合	A	A
特例認定承継会社の事業年度における総収入金額（営業外収益及び特別利益を除く。）が零となった場合	A	A

（注1）代表権を有しないこととなったことについて一定のやむを得ない理由がある場合を除く。

（注2）特例経営承継期間の5年間の平均の常時使用従業員数が相続開始時の常時使用従業員数の8割を下回った場合であっても、当該事由をもって納税猶予期限が

確定することはない。この場合には、8割を下回ることとなった理由について、都道府県知事の確認を受けなければならない。その際、特例経営承継期間の末日の翌日から4か月を経過する日までに、その8割を下回った理由について、認定経営革新等支援機関の所見の記載があり、かつ、この理由が経営状況の悪化である場合又はその認定経営革新等支援機関が正当と認められないと判断した場合には、その認定経営革新等支援機関による経営力の向上に係る指導及び助言を受けた旨の記載のある報告書の写しを都道府県知事に提出するものとする。なお、継続届出書の提出がない場合には、提出がない場合には猶予されている相続税の全額と利子税を納付することとなる。

一般措置においては、雇用確保要件（5年間平均で8割確保）を満たさなかった場合には、納税が猶予されている相続税の全額と利子税を併せて納付することとなる。

4．特例贈与者が死亡した場合の相続税の課税の特例

　2．(1)の規定の適用を受ける特例経営承継受贈者に係る特例贈与者が死亡した場合には、その特例贈与者の死亡による相続又は遺贈に係る相続税については、その特例経営承継受贈者がその特例贈与者から相続又は遺贈により特例対象受贈非上場株式等の取得をしたものとみなす。

　この場合において、その相続税の課税価格の計算の基礎に算入すべきその特例対象受贈非上場株式等の価額については、2．(1)の規定の適用に係る贈与により取得をした特例対象受贈非上場株式等のその贈与の時における価額を基礎として計算する。

5．特例贈与者が死亡した場合の相続税の納税猶予及び免除の特例

　特例贈与者が死亡した場合の相続税の納税猶予・免除制度について、一般措置と特例措置との法令上の用語を比較しておくこととする。

	一般措置（措法70の7の4）	特例措置（措法70の7の8）
承継会社	認定相続承継会社	特例認定相続承継会社
非上場株式等	対象相続非上場株式等	特例対象相続非上場株式等
経営承継する者	経営相続承継受贈者	特例経営相続承継受贈者
経営承継期間	経営相続承継期間	特例経営相続承継期間

(1)　納税猶予規定

　4．(1)の規定により特例贈与者から相続又は遺贈により取得をしたものとみなされた特例対象受贈非上場株式等につきこの規定の適用を受けようとする特例経営相続承継受贈者が、その相続に係る相続税の申告書の提出により納付すべき相続税の額のうち、特例対象相続非上場株式等に係る納税猶予分の相続税額に相当する相続税については、その相続税の申告書の提出期限までにその納税猶予分の相続税額に相当する担保を提供した場合に限り、その特例経営相続承継受贈者の死亡の日まで、その納税を猶予する。

(2)　適用要件等

① 　特例経営相続承継受贈者

　2．(1)の規定の適用を受ける特例経営承継受贈者で、次の要件の全てを満たすものをいう。

　　イ　5．(1)の規定の適用に係る相続開始の時において、その特例認定相続承継会社の代表権を有していること。

　　ロ　5．(1)の規定の適用に係る相続開始の時において、その者及びその同族関係者の有するその特例認定相続承継会社の株式等に係る議決

権の数の合計が、その特例認定相続承継会社の総株主等議決権数の100分の50を超える数であること。

　ハ　5．(1) の規定の適用に係る相続開始の時において、その者の議決権の数が、その同族関係者のうちいずれの者（その者以外の2．(1)、3．(1) 又は5．(1) の規定の適用を受けている者を除く。）が有する議決権の数をも下回らないこと。

② 特例対象相続非上場株式等

特例対象受贈非上場株式等（特例認定相続承継会社の株式等に限る。）で相続税の申告書に5．(1) の規定の適用を受けようとする旨の記載があるものをいう。

③ 特例認定相続承継会社

特例認定贈与承継会社で、5．(1) の規定の適用に係る相続開始の時において、次の要件の全てを満たすものをいう。

　イ　その会社の常時使用従業員の数が1人以上であること。

　ロ　その会社が、資産保有型会社等のうち事業実態があるもの以外のものに該当しないこと。

　ハ　その会社及び特定特別関係会社の株式等が、非上場株式等に該当すること。

　ニ　その会社及び特定特別関係会社が、風俗営業会社に該当しないこと。

　ホ　その会社の特別関係会社が外国会社に該当する場合（その会社又はその会社との間に支配関係がある法人がその特別関係会社の株式等を有する場合に限る。）には、その会社の常時使用従業員の数が5人以上であること。

　ヘ　上記のほか、会社の円滑な事業の運営を確保するために必要とされる一定の要件を備えているものであること。

④ 納税猶予分の相続税額

特例対象相続非上場株式等の価額を特例経営相続承継受贈者の相続税の課税価格とみなして、一定の計算をした特例経営相続承継受贈者の相続税の額。

(3) 主な納税猶予の免除
　3．(3) を準用する。

(4) 主な納税猶予の取消し
　3．(4) を準用する。

第2編
申請手続き編

第2編　申請手続き編

1．事業承継税制の手続き

（1）　手続きの重要性

　事業承継税制の特例措置では、会社の後継者や承継時までの経営見通し等を記載した特例承継計画を策定し、平成35年3月31日までに都道府県知事に提出し、確認を受ける必要がある。この特例承継計画については、一般措置においては提出不要であり、今回の特例措置において新たに提出が必要となった手続きである。

　また、特例措置の適用を受けるためには後継者の要件、先代経営者等の要件を満たしていることについて、都道府県知事に円滑化法の認定を受ける必要がある。贈与については、贈与を受けた年の翌年の1月15日までに申請を行う必要があり、相続については、相続開始後8か月以内に申請を行わなければ、特例措置の適用を受けることができない。それぞれ、贈与税・相続税の申告期限前に申請を行う必要があることから、適用を受けるにあたり、スケジュール管理に十分注意して作業を進めていく必要がある。

　この、特例承継計画を提出した後、特例措置を継続的に適用するためには、申告期限後5年間は、年1回、都道府県知事への年次報告書の提出、税務署への継続届出書の提出が義務付けられている。さらに、6年目以降については年次計画書の提出は不要となるが、継続届出書については、3年に1回、税務署に提出する必要がある。毎年提出の必要があれば、提出失念の恐れはないが、3年に1回の提出が必要となるため、注意が必要である。手続きの失念により、事業承継税制の特例措置の適用を受ける事が出来ない事態が生じないよう計画書等の提出スケジュールについては、十分注意して手続きを

進めて行く必要がある。

(2) 贈与税・相続税の納税猶予の特例制度の活用パターン

事業承継税制の特例措置では、一般措置同様、相続税で適用する場合と贈与税で適用する場合があり、その後は様々なケースが存在する事から以下に基本的な適用パターンをまとめた。

ケース	先代経営者⇒後継者	後継者⇒次の後継者	備考欄
1	相続 (先代経営者死亡)	相続 (後継者死亡)	－
2	相続 (先代経営者死亡)	贈与	－
3	贈与	相続 (後継者死亡)	－
4	贈与	相続 (先代経営者死亡)	みなし相続 (先代経営者⇒後継者)
5	贈与	贈与	みなし相続 (先代経営者⇒次の後継者)

なお、特例措置の適用を受けるためには、以下の2点を満たしていることが必要である。
(1) 平成30年4月1日から平成35年3月31日までに都道府県知事に「特例承継計画」を提出していること。
(2) 平成30年1月1日から平成39年12月31日までに贈与・相続（遺贈を含む。）により自社の株式を取得すること。
　※平成29年12月31日までに贈与・相続により株式を取得した場合は、特例の認定を受ける（あるいは通常の認定から特例の認定へ切替えを行う）ことはできない。

<u>ケース1</u>
①相続
　後継者は、先代経営者からの相続時に、相続税の納税猶予の特例制度（A）を適用する。
②相続
　後継者の死亡により、先代経営者に係る相続税は免除（B）されることになる。次の後継者は後継者の相続財産の中に特例措置の適用を受けている非上場株式等があるため、相続税の納税猶予の特例制度（C）を選択する事が可能となる。

【ケース1の時系列図】

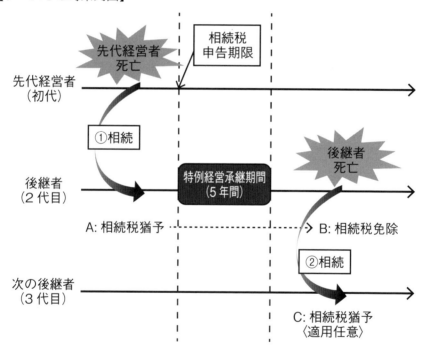

ケース2

①相続

　後継者は、先代経営者からの相続時に、相続税の納税猶予の特例制度（A）を適用する。

②贈与

　先代経営者の相続税の申告期限から5年経過後（特例経営承継期間の末日の翌日以後）に後継者が次の後継者へ生前贈与により非上場株式等を承継する。このとき、先代経営者に係る相続税が免除（B）される。なお、（B）の前提条件として、次の後継者はこの贈与を受けた非上場株式等については、贈与税の納税猶予の特例制度（C）を受ける必要がある。

【ケース2の時系列図】

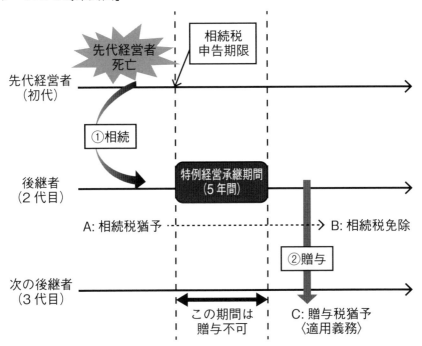

<u>ケース3</u>
①贈与
　先代経営者から後継者への生前贈与により贈与税の納税猶予の特例制度（A）を適用する。
②相続
　先代経営者より後継者が先に死亡することにより、後継者の贈与税は免除される（B）。次の後継者は後継者の相続財産の中に先代経営者から贈与を受けた非上場株式等があることから、相続税の納税猶予の特例制度（C）を受けることが可能となる。

【ケース3の時系列図】

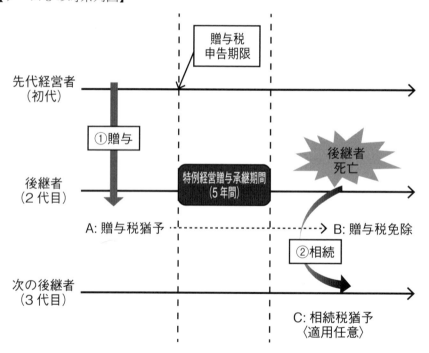

<u>ケース4</u>
①贈与
　先代経営者から後継者へ生前贈与し、贈与税の納税猶予の特例制度（A）を適用する。
②みなし相続
　先代経営者の死亡により、後継者の贈与税は免除（B）されるが、その特例対象受贈非上場株式等は相続により取得したものとみなされ、先代経営者に係る相続税の対象とされ、相続税の納税猶予の特例制度が適用可能となる（C）。相続税の納税猶予制度を適用した場合、後継者から次の後継者への相続又は贈与が想定され、ケース1、2同様となる。

【ケース4の時系列図】

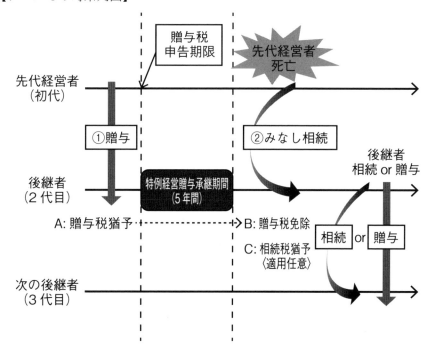

ケース5

①贈与

先代経営者から後継者へ生前贈与し、贈与税の納税猶予の特例制度を適用する（A）。

②贈与

先代経営者の死亡より前（特例経営贈与承継期間の末日の翌日以後）に、次の後継者へ贈与することにより、後継者の贈与税は免除されることになる（B）。ただし、後継者が贈与税の免除を受ける条件として、次の後継者はこの贈与を受けた非上場株式等については、贈与税の納税猶予の特例制度（C）を受けなければならない。

③みなし相続

先代経営者の死亡により、次の後継者の贈与税は免除（D）されるが、次の後継者はこの贈与を受けた非上場株式等について先代経営者から相続により取得したものとみなされ、先代経営者に係る相続税の対象とされます。なお、相続税については、納税猶予の特例制度（E）を受けることが可能である。

【ケース5の時系列図】

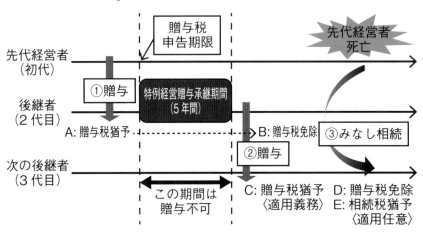

２．特例承継計画の作成から納税猶予・免除までの流れ
（１） 贈与税の納税猶予についての手続き
① 特例承継計画

　平成30年4月1日から平成35年3月31日までの5年以内に特例承継計画を作成し、都道府県知事に提出する必要がある。特例承継計画は、最初の提出を行う確認申請書（様式21）と変更時に提出を行う変更確認申請書（様式24）がある。

② 贈与実行

　先代経営者から後継者へ非上場株式等の贈与を行う。
　平成35年3月31日までは、贈与後に特例承継計画の提出を行うことが可能である。

③ 認定申請書

　贈与年の10月15日から翌年1月15日までに認定申請を行う必要性がある。なお、先代経営者から後継者への贈与については、第一種特例贈与認定申請書（様式7の3）を提出することとなり、先代経営者以外の株主から後継者への贈与については、第二種特例贈与認定申請書（様式7の4）を提出する。
　認定申請書を提出する際は、①の特例承継計画又はその確認書を添付する必要があり、審査後は、認定書が交付される。

④ 贈与税申告及び担保提供

　所轄税務署長へ贈与税の申告書と上記③で交付された認定書の写しをあわせて提出する。なお、相続時精算課税の適用を受ける場合にはその旨を明記する必要がある。また、納税猶予税分の贈与税額に相当する担保を提供する必要があるが、贈与税の納税猶予の対象となる非上場株式等を担保として提供すれば問題ないこととされている。

⑤　申告期限後5年間

　贈与税の申告期限から5年間（以下「特例期間」という。）については、毎年、年次報告書（様式11）を都道府県知事へ提出する必要がある。提出時期は、贈与税申告期限後の翌日から1年を経過するごとの日の翌日から3か月を経過する日までとされている。また、毎年、継続届出書を税務署へ提出することとなる。提出時期は、贈与税申告期限後の翌日から1年を経過するごとの日の翌日から5か月を経過する日までとされている。

⑥　実績報告

　贈与税申告書の提出期限の翌日から5年を経過する日の翌日から4か月を経過する日までに特例承継計画に関する報告書（様式27）、報告書の写しを1通添付して、都道府県知事に提出する。なお、雇用者数の減少について、経営悪化又は正当な理由が認められない場合には、認定経営革新等支援機関の指導及び助言を記載する必要がある。

⑦　6年目以降

　特例期間経過後は、継続届出書を特例期間の末日から3年ごとに作成し、税務署に提出する必要がある。なお、年次報告書については、特例期間経過後は、提出は不要となる。

第2編 申請手続き編 53

【贈与税の納税猶予手続きのフローチャート】

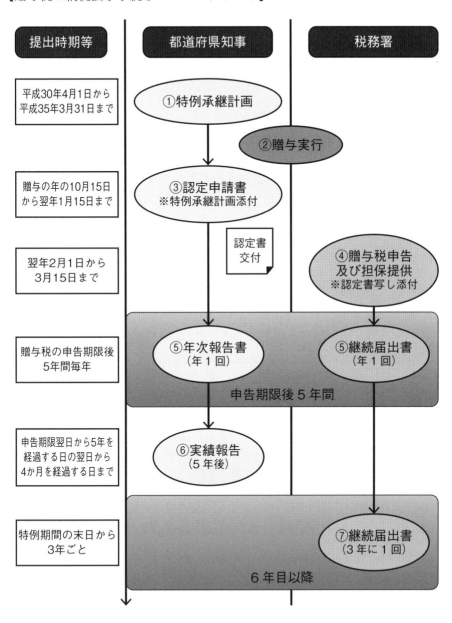

(2) 相続税の納税猶予についての手続き

① 特例承継計画

平成30年4月1日から平成35年3月31日までの5年以内に特例承継計画を作成し、都道府県知事に提出する必要がある。特例承継計画は、最初の提出を行う確認申請書（様式21）と変更時に提出を行う変更確認申請書（様式24）がある。

② 相続又は遺贈発生

先代経営者から後継者が非上場株式等を相続する。平成35年3月31日までは、相続又は遺贈後に特例承継計画の提出を行うことが可能である。

③ 認定申請書

申告者の提出期日は、相続開始の翌日から8か月以内である。なお、先代経営者から後継者への相続については、第一種特例相続認定申請書（様式8の3）を提出することとなり、先代経営者以外の株主から後継者への相続については、第二種特例相続認定申請書（様式8の4）を提出することとなる。認定申請書を提出する際は、①の特例承継計画又はその確認書を添付する必要があり、審査後は、認定書が交付される。

④ 相続税申告及び担保提供

税務署へ相続税の申告書と上記③で交付された認定書の写しをあわせて提出する。また、納税猶予分の相続税額に相当する担保を提供する必要があるが、対象となる非上場株式等を担保として提供すれば問題ないとされている。

⑤ 申告期限後5年間

相続税の申告期限から5年間（以下「特例期間」という。）については、毎年、年次報告書（様式11）を都道府県知事へ提出する必要がある。提出時期は、相続税申告期限の翌日から1年を経過するごとの日の翌日から3か月を経過

する日とされている。また、毎年、継続届出書を税務署へ提出することとなる。提出時期は、相続税申告期限の翌日から1年を経過するごとの日の翌日から5か月を経過する日とされている。

⑥ 実績報告

相続税申告書の提出期限の翌日から5年を経過する日の翌日から4か月を経過する日までに特例承継計画に関する報告書（様式27）、報告書の写しを1通添付して、都道府県知事に提出する。なお、雇用者数の減少について、経営悪化又は正当な理由が認められない場合には、認定経営革新等支援機関の指導及び助言を記載する必要がある。

⑦ 6年目以降

特例期間経過後は、継続届出書を特例期間の末日から3年ごとに作成し、税務署に提出する必要がある。なお、年次報告書については、特例期間経過後は、提出は不要となる。

【相続税の納税猶予手続きのフローチャート】

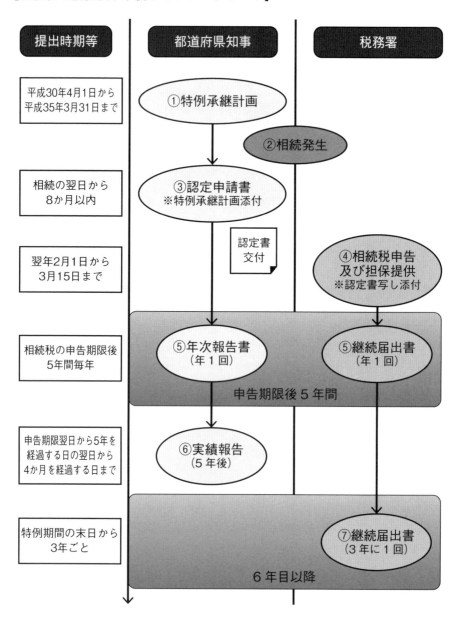

3. 特例承継計画について
(1) 特例承継計画の確認申請書の記載事項

　特例承継計画の作成にあたっては、所定の様式（様式21）を使用する。特例承継計画には、事業者の名称等、承継時までの経営見通し、承継後5年間の事業計画及び認定経営革新等支援機関による所見等を記載することになっている。平成35年3月31日までは、特例承継計画の提出をしないで事業承継税制の特例の適用を受けることができることから、贈与・相続後に特例承継計画を提出する場合は「承継時までの経営見通し」の記載は必要ない。

① 「会社について」の記載事項

　円滑化法の特例の認定を受けようとする事業者について記載する。「主たる事業の内容」「資本金額又は出資の総額」「常時使用する従業員の数」の欄にそれぞれの現況を記載する。

　なお、常時使用する従業員の数は以下のイ、ロ、ハの合計からニを差し引いた人数とされている。
　イ　厚生年金保険の被保険者の数
　ロ　厚生年金保険の被保険者ではなく健康保険の被保険者である従業員の数
　ハ　厚生年金保険・健康保険のいずれの被保険者でもない従業員の数
　ニ　役員（使用人兼務役員を除く。）の数

② 「特例代表者について」の記載事項

　「特例代表者の氏名」の欄には、保有する株式を承継する予定の先代経営者の氏名と代表権の有無を記載する。代表権が「無」の場合には、退任した年月日を記載する。特例代表者は特例承継計画提出時に、現に代表者である方、又は代表者であった方である必要がある。なお、特例承継計画の確認申請をする際には、先代経営者は代表権を持っていても何ら問題はない。しかし、平成35年3月31日までに、贈与後に確認申請書と認定申請書を同時に提

出する場合には、代表者でなくなっている必要がある。

③ 「特例後継者について」の記載事項

　特例後継者は、最大３人まで対象とすることができ、１人だけでも構わない。なお、特例後継者として氏名を記載した者でなければ、事業承継税制の特例の認定を受けることはできない。当初記載していた特例後継者への贈与を取りやめ、別の特例後継者に贈与したような場合、認定申請時までに改めて特例承継計画の変更確認申請書（様式24）を提出しなければならない。複数名記載した場合に記載した後継者から他の後継者に変更する場合も同様で、認定申請時までに改めて特例承継計画の変更確認申請書を提出し直さなければならない。

④ 「特例代表者が有する株式等を特例後継者が取得するまでの期間における経営の計画について」の記載事項

　株式を承継する予定の時期、その時期までの経営上の課題、その課題への対応方針について記載する。株式等の贈与後・相続後に本計画を作成する場合や、すでに先代経営者が役員を退任している場合には記載不要となる。

　「株式を承継する時期」には、おおむねの贈与する時期を記載する。「当該時期までの経営上の課題」には、会社の経営上の課題を記載する。「当該課題への対応」には、その課題を解決するための行動計画を記載する。なお、この④の記載事項については、株式等を特例後継者が取得した後に本申請を行う場合には、記載を省略することができる。

⑤ 「特例後継者が株式等を承継した後５年間の経営計画」の記載事項

　特例後継者が事業承継を行った後の５年間の経営計画を具体的に記載する必要がある。なお、この事業計画は必ずしも設備投資・新事業展開や売上目標・利益目標についての記載を求めるものではないとされている。

【(別紙) 認定経営革新等支援機関による所見等の記載事項】
⑥ 「認定経営革新等支援機関の名称等」の記載事項
　認定経営革新等支援機関の名称等の欄にはその名称、代表者の氏名、住所又は所在地を記載して会社の認印などを押印する。

⑦ 「指導・助言を行った年月日」の記載事項
　この年月日については、特例承継計画の確認申請を行う直近の相談日を記載する。

⑧ 「認定経営革新等支援機関による指導・助言の内容」の記載事項
　認定経営革新等支援機関が実際に行った指導・助言の内容を要約して記載する。

⑨ 確認書について
　特例承継計画の確認申請書を提出すると、都道府県知事は特例認定承継会社に対して「確認書」を交付することとなっている。なお、要件を満たしていない場合には、「確認しない旨の通知書」が送られてくることとなる。

⑩ 提出書類について
　様式21による申請書に、申請書の写し一通、登記事項証明書及び従業員数証明書、その他確認の参考となる書類、返信用封筒を添付して都道府県知事に提出する。

(2) 特例承継計画の確認申請書の記載例

会社名：○×デザイン株式会社
事業内容：店舗デザイン及びコンサルティング
先代経営者：山田太郎 84歳（代表取締役）
後継者：山田次郎 48歳（取締役：2017年1月1日～）
株主構成：山田太郎100%

先代経営者の高齢化に伴い、後継者へ代表権を譲り、○×デザイン株式会社の株式の贈与を検討している。会社の業績が右肩上がりで、スムーズな事業承継が行えるよう税理士を含めて今後の経営計画等を策定している。

上記前提条件のもと、特例承継計画を作成すると以下のようになる。

(記載例)

様式第21

施行規則第17条第2項の規定による確認申請書
(特例承継計画)

xxxx年 x月 xx日

都道府県知事　殿

郵 便 番 号　xxx-xxxx
会社所在地　東京都中央区銀座 x-x
会　　社　　名　〇×デザイン株式会社
電 話 番 号　xx-xxxx-xxxx
代表者の氏名　山田 太郎 ㊞

中小企業における経営の承継の円滑化に関する法律施行規則第17条第1項第1号の確認を受けたいので、下記のとおり申請します。

記

1　会社について

主たる事業内容	店舗デザイン及びコンサルティング
資本金額又は出資の総額	10,000,000 円
常時使用する従業員の数	100 人

2　特例代表者について

特例代表者の氏名	山田 太郎
代表権の有無	■有　□無（退任日　　年　　月　　日）

3　特例後継者について

特例後継者の氏名（1）	山田 次郎
特例後継者の氏名（2）	
特例後継者の氏名（3）	

4　特例代表者が有する株式等を特例後継者が取得するまでの期間における経営の計画について

株式を承継する時期（予定）	2020年1月 ～ 2020年12月
当該時期までの経営上の課題	・案件ごとの進捗管理、原価管理が上手くできておらず、部門責任者に依存している。 ・オリンピック開催に伴い、都内への新規出店に関する案件が増加している。しかし、営業担当やデザイナーが不足している状況が続いており、売上を伸ばすことが出来ていない。
当該課題への対応	・役員会議を開催し、案件ごとの進捗管理及び部門毎の営業利益を月1回報告する会議を開催していく事とする。会議には顧問税理士も参加する事とする。 ・就職説明会へ参加する事により新卒・経験者採用を積極的に行っていく。

5 特例後継者が株式等を承継した後5年間の経営計画

実施時期	具体的な実施内容
1年目	既存の取引先の店舗デザインだけでなく、新たな柱として、店舗施工まで一貫して行えるように社内体制を整えていく。
2年目	営業利益目標を4億円とする。営業担当者を増員し、案件受注獲得を増やしていく。また、役員会議にて部門ごとの営業利益率を比較し、事業内容の見直し、社内体制の再検討を行う。
3年目	海外案件の獲得に向けて、営業部門の新規採用活動を積極的に行う。また、新規案件獲得に向け、広告活動を積極的に行っていく。
4年目	新事業部門（海外案件）、既存事業部門の営業活動について、経営指標を確認し、今後の方向性を再考する。また、営業利益の最大化に向けて、注力部門への採用を活発化させる。
5年目	営業利益目標を5億円とする。社内の原価管理を徹底するとともに、人材配置及び労働時間の見直しを図る。また、役員及び従業員のモチベーションをアップさせる為、インセンティブ報酬の導入を行う。

(別紙)

認定経営革新等支援機関による所見等

1 認定経営革新等支援機関の名称等

認定経営革新等支援機関の名称	○○税理士法人 ㊞
(機関が法人の場合)代表者の氏名	代表社員 ○○ ○○
住所又は所在地	東京都中央区銀座○-○-○

2 指導・助言を行った年月日
　　　　　2018年 6月 6日

3 認定経営革新等支援機関による指導・助言の内容

・案件ごとの原価管理が上手くいっていないため、部門責任者へ経営会議での報告を義務付けた。営業利益の確保に努めるよう指導を行い、役員会議に参加する事とした。また、案件受注から売上入金までに時間を要する事から、資金がショートしないよう、メインバンクに毎月状況を報告し、案件単位での融資が可能となるよう担当者に依頼している。

・独立志向が強い方が多く、競合他社も多い事から人材確保が非常に難しい事を伝え、新卒から採用し、人材育成をする社内体制が必要である事を助言している。

・株式を集中的に承継させたいと考えている事から、「遺留分に関する民法の特例」について説明を行っている。

(3) 特例承継計画の変更

　特例承継計画の確認を受けた後に、計画の内容に変更があった場合は、変更確認申請書（様式24）を都道府県知事に提出し確認を受ける必要がある。変更確認申請書の記載事項は、確認申請書（様式21）と同様である。変更確認申請書には、変更事項を反映した計画を記載し、再度、認定経営革新等支援機関による指導及び助言を受けることが必要となる。

　なお、特例後継者が事業承継税制の適用を受けた後は、その特例後継者を変更することはできない。ただし、特例後継者を2人又は3人記載した場合であって、まだ株の贈与・相続を受けていない者がいる場合は、その特例後継者に限って変更する事が可能となる。

　特例後継者として、特例承継計画に記載されていない者は、円滑化法の特例の認定を受けることはできない。

　事業承継後5年間の事業計画を変更した場合も、計画の変更の手続きを行うことができる。特に、当初の特例承継計画においては具体的な経営計画が記載されていなかった場合、認定経営革新等支援機関の指導・助言を受けた上で、それを具体化するための計画の変更の手続きを行うことが求められることとなる。

(4) 特例承継計画の確認取消申請

　特例承継計画の確認を受けた中小事業者は、確認の取消しを受けようとするときは、確認取消申請書（様式25）に、申請書の写し一通を添付して都道府県知事に提出する。確認取消申請書には、確認の年月日及び番号を記載する。

(様式)

様式第 25

施行規則第 19 条第 2 項の規定による確認取消申請書

年　　月　　日

都道府県知事　　殿

郵　便　番　号
会　社　所　在　地
会　　社　　名
電　話　番　号
代表者の氏名　　　　　　　　　印

　　　年　　月　　日付けの中小企業における経営の承継の円滑化に関する法律施行規則（以下「施行規則」という。）第 17 条第 1 項　□第 1 号　□第 2 号　の確認を取り消されたいので、施行規則第 19 条第 2 項の規定により確認の取消しを申請します。

記

確認の年月日及び番号

（備考）
① 用紙の大きさは、日本工業規格 A4 とする。
② 申請書の写しを添付する。

（記載要領）
　　「確認の年月日及び番号」については、施行規則第 18 条第 1 項、第 2 項、第 3 項又は第 4 項の変更の確認を受けている場合には、当該変更の確認の年月日及び番号を並べて記載する。

4．納税猶予・免除を受けるための各種書類

贈与税・相続税の納税猶予又は免除を受けるために必要となる手続きは以下のとおりである。

（1） 贈与税の納税猶予に関する手続き

《第一種特例贈与認定中小企業者に係る認定申請書》

① 概要

先代経営者から後継者へ株式を贈与する場合において以下の申請書等を提出することにより贈与税の納税猶予の規定が適用される。

② 提出時期

贈与を受けた年の10月15日から翌年の1月15日まで

③ 提出先

各都道府県知事

④ 提出書類

　イ　認定申請書（様式7の3）（原本1部、写し1部）

　　※袋とじをして表と裏に割印を押す。

　　　認定申請書内で別紙を添付する場合は、その「別紙」も一緒に袋とじする。

　ロ　定款の写し

　　※贈与認定申請基準日において有効である定款の写しに、認定申請日付で原本証明をする。

　ハ　株主名簿（以下の全ての時点における株主名簿の写しで原本証明したもの）

　　（イ）　贈与者が代表者であった時
　　（ロ）　贈与の直前
　　（ハ）　贈与の時
　　（ニ）　贈与認定申請基準日

　ニ　履歴事項全部証明書

（イ）贈与認定申請基準日以降に取得した原本
　　（ロ）先代経営者が贈与の直前において代表者でない場合には、代表者であった旨の記載のある履歴事項又は閉鎖事項証明書の原本
ホ　贈与契約書及び贈与税額の見込み額を記載した書類
　　（イ）贈与契約書の写し
　　（ロ）申請会社の贈与対象株式に係る贈与税の見込み額を記載した書類（贈与税申告書一式でも可）
ヘ　従業員数証明書（贈与の時）
ト　贈与認定申請基準事業年度の決算関係書類等
チ　申請会社が上場会社等又は風俗営業会社のいずれにも該当しない旨の誓約書
リ　特別子会社・特定特別子会社が上場会社等又は風俗営業会社のいずれにも該当しない旨の誓約書
ヌ　贈与者・受贈者・その他の一定の親族の戸籍謄本等
　　（イ）贈与者
　　（ロ）経営承継受贈者
　　（ハ）申請会社の議決権を有する経営承継受贈者の親族全員
　　（ニ）剰余金の配当等又は損金不算入給与を受けた経営承継受贈者の親族全員（施行規則第6条第2項の事業実態要件に該当することで認定申請をする場合は不要）
ル　特例承継計画又はその確認書
　　（イ）既に特例承継計画の確認書の交付を受けている場合には、その確認書（様式第22）を添付する。
　　（ロ）特例承認計画に記載した特例後継者に追加・変更がある場合には、変更確認申請書（様式第24）を提出する。
　　（ハ）既に特例承継計画の変更申請をし、確認を受けている場合には、その変更後の確認書（様式第22）を添付する。
ヲ　その他、認定の参考となる書類

ワ 返信用封筒
　　（定形外封筒。返信先宛先明記。切手貼付不要）

　同一年中において事業承継税制の適用を受ける贈与が複数ある場合には、それぞれの贈与に係る認定申請書は一括提出する。

(出典) 東京都産業労働局ホームページ　事業承継税制の認定　*一部加工
(http://www.sangyo-rodo.metro.tokyo.jp/chushou/shoko/keiei/jigyoshokeizeisei/)

(様式)

様式第7の3

第一種特例贈与認定中小企業者に係る認定申請書

年　月　日

都道府県知事名　殿

郵 便 番 号
会 社 所 在 地
会　社　名
電 話 番 号
代表者の氏名　　　　　　印

　中小企業における経営の承継の円滑化に関する法律第12条第1項の認定（同法施行規則第6条第1項第11号の事由に係るものに限る。）を受けたいので、下記のとおり申請します。

記

1　特例承継計画の確認について

施行規則第17条第1項第1号の確認（施行規則第18条第1項又は第2項の変更の確認をした場合には変更後の確認）に係る確認事項	確認の有無		□有 □無（本申請と併せて提出）
	「有」の場合	確認の年月日及び番号	年　月　日　（　　号）
		特例代表者の氏名	
		特例後継者の氏名	

2　贈与者及び第一種特例経営承継受贈者について

贈与の日		年　月　日	
第一種特例贈与認定申請基準日		年　月　日	
贈与税申告期限		年　月　日	
第一種特例贈与認定申請基準事業年度		年　月　日から　年　月　日まで	
総株主等議決権数	贈与の直前	(a)	個
	贈与の時	(b)	個

	氏名			
贈与者	贈与の時の住所			
	贈与の時の代表者への就任の有無		□有 □無	
	贈与の時における過去の法第12条第1項の認定（施行規則第6条第1項第11号又は第13号の事由に係るものに限る。）に係る贈与の有無		□有 □無	
	代表者であった時期		年 月 日から 年 月 日	
	代表者であって、同族関係者と合わせて申請者の総株主等議決権数の100分の50を超える数を有し、かつ、いずれの同族関係者（第一種特例経営承継受贈者となる者を除く。）が有する議決権数をも下回っていなかった時期(*)		年 月 日から 年 月 日	
	(*)の時期における総株主等議決権数	(c)		個
	(*)の時期における同族関係者との保有議決権数の合計及びその割合	(d)+(e)		個
		((d)+(e))／(c)		％
	(*)の時期における保有議決権数及びその割合	(d)		個
		(d)／(c)		％
	(*)の時期における同族関係者	氏名（会社名）	住所（会社所在地）	保有議決権数及びその割合
				(e)　　　　　　個
				(e)／(c)　　　　％
	贈与の直前における同族関係者との保有議決権数の合計及びその割合	(f)+(g)		個
		((f)+(g))／(a)		％
	贈与の直前における保有議決権数及びその割合	(f)		個
		(f)／(a)		％
	贈与の直前における同族関係者	氏名(会社名)	住所(会社所在地)	保有議決権数及びその割合
				(g)　　　　　　個
				(g)／(a)　　　　％
	(*2)から(*3)を控除した残数又は残額	(i)-(j)		株（円）
	贈与の直前の発行済株式又は出資（議決権の制限のない株式等に限る。）の総数又は総額(*1)	(h)		株（円）
	(*1)の3分の2(*2)	(i)=(h)×2/3		株（円）

	贈与の直前において第一種特例経営承継受贈者が有していた株式等の数又は金額(*3)			(j)	株(円)
	贈与の直前において贈与者が有していた株式等(議決権に制限のないものに限る。)の数又は金額				株(円)
	贈与者が贈与をした株式等(議決権の制限のないものに限る。)の数又は金額				株(円)
第一種特例経営承継受贈者	氏名				
	住所				
	贈与の日における年齢				
	贈与の時における贈与者との関係			□直系卑属 □直系卑属以外の親族 □親族外	
	贈与の時における代表者への就任の有無			□有 □無	
	贈与の日前3年以上にわたる役員への就任の有無			□有 □無	
	贈与の時における過去の法第12条第1項の認定(施行規則第6条第1項第7号又は第9号の事由に係るものに限る。)に係る受贈の有無			□有 □無	
	贈与の時における同族関係者との保有議決権数の合計及びその割合			(k)+(l)+(m) ((k)+(l)+(m))/(b)	個 %
	保有議決権数及びその割合	贈与の直前	(k) (k)/(a)	個 %	贈与者から贈与により取得した数(*4)	(l)	個
		贈与の時	(k)+(l) ((k)+(l))/(b)	個 %		
		(*4)のうち租税特別措置法第70条の7の5第1項の適用を受けようとする株式等に係る議決権の数(*5)				個
		(*5)のうち第一種特例贈与認定申請基準日までに譲渡した数				個
	贈与の時における同族関係者	氏名(会社名)		住所(会社所在地)		保有議決権数及びその割合 (m) 個 (m)/(b) %

3 贈与者が第一種特例経営承継受贈者へ第一種特例認定贈与株式を法第12条第1項の認定に係る贈与をする前に、当該認定贈与株式を法第12条第1項の認定に係る受贈をし

ている場合に記載すべき事項について

本申請に係る株式等の贈与が該当する贈与の類型	□該当無し □第一種特別贈与認定株式再贈与　　□第二種特別贈与認定株式再贈与 □第一種特例贈与認定株式再贈与　　□第二種特例贈与認定株式再贈与			
	氏名	認定日	左記認定番号	左記認定を受けた株式数
第一種特例贈与認定中小企業者の認定贈与株式を法第12条第1項の認定に係る受贈をした者に、贈与をした者（当該贈与をした者が複数ある場合には、贈与した順にすべてを記載する。）				

（備考）
① 用紙の大きさは、日本工業規格A4とする。
② 記名押印については、署名をする場合、押印を省略することができる。
③ 申請書の写し（別紙1及び別紙2を含む）及び施行規則第7条第6項の規定により読み替えられた同条第2項各号に掲げる書類を添付する。
④ 「施行規則第17条第1項第1号の確認（施行規則第18条第1項又は第2項の変更の確認をした場合には変更後の確認）に係る確認事項」については、当該確認を受けていない場合には、本申請と併せて施行規則第17条第2項各号に掲げる書類を添付する。また、施行規則第18条第1項又は第2項に定める変更をし、当該変更後の確認を受けていない場合には、本申請と併せて同条第5項の規定により読み替えられた前条第2項に掲げる書類を添付する。
⑤ 施行規則第6条第2項の規定により申請者が資産保有型会社又は資産運用型会社に該当しないものとみなれた場合には、その旨を証する書類を添付する。
⑥ 第一種特例贈与認定申請基準事業年度終了の日において申請者に特別子会社がある場合にあっては特別子会社に該当する旨を証する書類、当該特別子会社が資産保有型子会社又は資産運用型子会社に該当しないとき（施行規則第6条第2項の規定によりそれぞれに該当しないものとみなされた場合を含む。）には、その旨を証する書類を添付する。

（記載要領）
① 単位が「％」の欄は小数点第1位までの値を記載する。
② 「贈与者から贈与により取得した数」については、贈与の時以後のいずれかの時において申請者が合併により消滅した場合にあっては当該合併に際して交付された吸収合併存続会社等の株式等（会社法第234条第1項の規定により競売しなければならない株式を除く。）に係る議決権の数、贈与の時以後のいずれかの時において申請者が株式交換等により他の会社の株式交換完全子会社等となった場合にあっては当該株式交換等に際して交付された株式交換完全親会社等の株式等（会社法第234条第1項の規定により競売しなければならない株式を除く。）に係る議決権の数とする。
③ 「認定申請基準事業年度における特定資産等に係る明細表」については、第一種特例贈与認定申請基準事業年度に該当する事業年度が複数ある場合には、その事業年度ごとに同様の表を記載する。「特定資産」又は「運用収入」については、該当するものが複数ある場合には同様の欄を追加して記載する。（施行規則第6条第2項の規定によりそれぞれに該当しないものとみなされた場合には空欄とする。）
④ 「損金不算入となる給与」については、法人税法第34条及び第36条の規定により申請者の各事業年度の所得の金額の計算上損金の額に算入されないこととなる給与（債務の免除による利益その他の経済的な利益を含む。）の額を記載する。（施行規則第6条第2項の規定によりそれぞれに該当しないものとみなされた場合には空欄とする。）
⑤ 「(*3)を発行している場合にはその保有者」については、申請者が会社法第108条第1項第8号に掲げる事項について定めがある種類の株式を発行している場合に記載し、該当する者が複数ある場合には同様の欄を追加して記載する。
⑥ 「総収入金額（営業外収入及び特別利益を除く。）」については、会社計算規則（平成18年法務省令第13号）第88条第1項第4号に掲げる営業外収益及び同項第6号に掲げる特別利益を除いて記載する。
⑦ 「同族関係者」については、該当する者が複数ある場合には同様の欄を追加して記載する。
⑧ 「(*1)の3分の2」については、1株未満又は1円未満の端数がある場合にあっては、その端数を切り上げた数又は金額を記載する。
⑨ 「特別子会社」については、贈与の時以後において申請者に特別子会社がある場合に記載する。特別子会社が複数ある場合には、それぞれにつき記載する。「株主又は社員」が複数ある場合には、同様の欄を追加して記載する。

(別紙1)

認定中小企業者の特定資産等について

主たる事業内容					
資本金の額又は出資の総額					円
認定申請基準事業年度における特定資産等に係る明細表					
種別		内容	利用状況	帳簿価額	運用収入
有価証券	特別子会社の株式又は持分（(*2)を除く。）			(1) 円	(12) 円
	資産保有型子会社又は資産運用型子会社に該当する特別子会社の株式又は持分(*2)			(2) 円	(13) 円
	特別子会社の株式又は持分以外のもの			(3) 円	(14) 円
不動産	現に自ら使用しているもの			(4) 円	(15) 円
	現に自ら使用していないもの			(5) 円	(16) 円
ゴルフ場その他の施設の利用に関する権利	事業の用に供することを目的として有するもの			(6) 円	(17) 円
	事業の用に供することを目的としないで有するもの			(7) 円	(18) 円
絵画、彫刻、工芸品その他の有形の文化的所産である動産、貴金属及び宝石	事業の用に供することを目的として有するもの			(8) 円	(19) 円
	事業の用に供することを目的としないで有するもの			(9) 円	(20) 円
現金、預貯金等	現金及び預貯金その			(10)	(21)

	他これらに類する資産			円	円
	経営承継受贈者及び当該経営承継受贈者に係る同族関係者等（施行規則第1条第12項第2号ホに掲げる者をいう。）に対する貸付金及び未収金その他これらに類する資産			(11) 円	(22) 円
特定資産の帳簿価額の合計額	(23)=(2)+(3)+(5)+(7)+(9)+(10)+(11) 円		特定資産の運用収入の合計額	(25)=(13)+(14)+(16)+(18)+(20)+(21)+(22) 円	
資産の帳簿価額の総額	(24)　　　　円		総収入金額	(26)　　　　円	
認定申請基準事業年度終了の日以前の5年間（贈与の日前の期間を除く。）に経営承継受贈者及び当該経営承継受贈者に係る同族関係者に対して支払われた剰余金の配当等及び損金不算入となる給与の金額			剰余金の配当等	(27) 円	
			損金不算入となる給与	(28) 円	
特定資産の帳簿価額等の合計額が資産の帳簿価額等の総額に対する割合	(29)=((23)+(27)+(28))/((24)+(27)+(28)) 　　　　％		特定資産の運用収入の合計額が総収入金額に占める割合	(30)=(25)/(26) 　　　　％	
会社法第108条第1項第8号に掲げる事項について定めがある種類の株式(*3)の発行の有無				有□　無□	
(*3)を発行している場合にはその保有者	氏名（会社名）		住所（会社所在地）		
総収入金額（営業外収益及び特別利益を除く。）				円	

(別紙2)

認定中小企業者の常時使用する従業員の数及び特別子会社について

1　認定中小企業者が常時使用する従業員の数について

常時使用する従業員の数		贈与の時 (a)+(b)+(c)-(d)　　　　　人
	厚生年金保険の被保険者の数	(a)　　　　　　　　　　　　　人
	厚生年金保険の被保険者ではなく健康保険の被保険者である従業員の数	(b)　　　　　　　　　　　　　人
	厚生年金保険・健康保険のいずれの被保険者でもない従業員の数	(c)　　　　　　　　　　　　　人
	役員（使用人兼務役員を除く。）の数	(d)　　　　　　　　　　　　　人

2　贈与の時以後における認定中小企業者の特別子会社について

区分			特定特別子会社に　該当 / 非該当	
会社名				
会社所在地				
主たる事業内容				
資本金の額又は出資の総額				円
総株主等議決権数			(a)	個
株主又は社員	氏名（会社名）	住所（会社所在地）	保有議決権数及びその割合	
			(b)	個
			(b)/(a)	％

《第二種特例贈与認定中小企業者に係る認定申請書》
① 概要
　先代経営者以外の株主等から後継者へ株式を贈与する場合において以下の申請書等を提出することにより贈与税の納税猶予の規定が適用される。
② 提出時期
　贈与を受けた年の10月15日から翌年の1月15日まで
③ 提出先
　各都道府県知事
④ 提出書類
　イ　認定申請書（様式7の4）（原本1部、写し1部）
　　※袋とじをして表と裏に割印を押す。
　　　認定申請書内で別紙を添付する場合は、その「別紙」も一緒に袋とじする。
　ロ　定款の写し
　　※贈与認定申請基準日において有効である定款の写しに、認定申請日付で原本証明をする。
　ハ　株主名簿(以下の全ての時点における株主名簿の写しで原本証明したもの)
　　(イ)　贈与の時
　　(ロ)　贈与認定申請基準日
　ニ　履歴事項全部証明書
　　贈与認定申請基準日以降に取得した原本
　ホ　贈与契約書及び贈与税額の見込み額を記載した書類
　　(イ)　贈与契約書の写し
　　(ロ)　申請会社の贈与対象株式に係る贈与税の見込み額を記載した書類
　　　　（贈与税申告書一式でも可）
　ヘ　従業員数証明書（贈与の時）
　ト　贈与認定申請基準事業年度の決算関係書類等
　チ　申請会社が上場会社等又は風俗営業会社のいずれにも該当しない旨の

誓約書
リ　特別子会社・特定特別子会社が上場会社等又は風俗営業会社のいずれにも該当しない旨の誓約書
ヌ　贈与者・受贈者・その他の一定の親族の戸籍謄本等
　　(イ)　贈与者
　　(ロ)　経営承継受贈者
　　(ハ)　申請会社の議決権を有する経営承継受贈者の親族全員
　　(ニ)　剰余金の配当等又は損金不算入給与を受けた経営承継受贈者の親族全員（施行規則第6条第2項の事業実態要件に該当することで認定申請をする場合は不要）
ル　特例承継計画又はその確認書
　　(イ)　既に特例承継計画の確認書の交付を受けている場合には、その確認書（様式第22）を添付する。
　　(ロ)　特例承認計画に記載した特例後継者に追加・変更がある場合には、変更確認申請書（様式第24）を提出する。
　　(ハ)　既に特例承継計画の変更申請をし、確認を受けている場合には、その変更後の確認書（様式第22）を添付する。
ヲ　その他、認定の参考となる書類
ワ　返信用封筒
　　（定形外封筒。返信先宛先明記。切手貼付不要）

　同一年中において事業承継税制の適用を受ける贈与が複数ある場合には、それぞれの贈与に係る認定申請書は一括提出する。
（出典）東京都産業労働局ホームページ　事業承継税制の認定　＊一部加工
(http://www.sangyo-rodo.metro.tokyo.jp/chushou/shoko/keiei/jigyoshokeizeisei/)

(様式)

様式第7の4

第二種特例贈与認定中小企業者に係る認定申請書

年　月　日

都道府県知事名　殿

郵　便　番　号
会　社　所　在　地
会　　社　　名
電　話　番　号
代表者の氏名　　　　　　印

中小企業における経営の承継の円滑化に関する法律第12条第1項の認定（同法施行規則第6条第1項第13号の事由に係るものに限る。）を受けたいので、下記のとおり申請します。

記

1　第一種特例経営承継贈与又は第一種特例経営承継相続について

本申請に係る認定にあたり必要な施行規則第6条第1項第11号又は第12号の事由に係る第一種特例経営承継贈与又は第一種特例経営承継相続の有無		□有 □無
「有」の場合	当該贈与者（当該被相続人）	
	第一種特例経営承継受贈者 （第一種特例経営承継相続人）	
	□当該贈与の日　□当該相続の開始の日	年　　月　　日
	当該第一種特例経営承継贈与又は第一種特例経営承継相続に係る認定の有効期間（当該認定を受ける前の場合は、その見込み）	年　月　日　～　年　月　日 まで

2　贈与者及び第二種特例経営承継受贈者について

贈与の日	年　　月　　日
第二種特例贈与認定申請基準日	年　　月　　日

贈与税申告期限			年　　月　　日	
第二種特例贈与認定申請基準事業年度			年　月　日から　年　月　日まで	
総株主等議決権数	贈与の直前		(a)	個
	贈与の時		(b)	個
贈与者	氏名			
	贈与の時の住所			
	贈与の時の代表者への就任の有無		□有　□無	
	贈与の時における過去の法第12条第1項の認定（施行規則第6条第1項第11号及び第13号の事由に係るものに限る。）に係る贈与の有無		□有　□無	
	贈与の直前における同族関係者との保有議決権数の合計及びその割合		(c)+(d) ((c)+(d))/(a)	個 %
	贈与の直前における保有議決権数及びその割合		(c) (c)/(a)	個 %
	贈与の直前における同族関係者	氏名(会社名)	住所(会社所在地)	保有議決権数及びその割合 (d)　　　　　個 (d)/(a)　　　　%
	(*2)から(*3)を控除した残数又は残額		(f)-(g)	株(円)
	贈与の直前の発行済株式又は出資（議決権の制限のない株式等に限る。）の総数又は総額(*1)		(e)	株(円)
	(*1)の3分の2(*2)		(f)=(e)×2/3	株(円)
	贈与の直前において経営承継受贈者が有していた株式等の数又は金額(*3)		(g)	株(円)
	贈与の直前において贈与者が有していた株式等（議決権に制限のないものに限る。）の数又は金額			株(円)
	贈与者が贈与をした株式等（議決権の制限のないものに限る。）の数又は金額			株(円)
第二種特例経営承継受贈者	氏名			
	住所			
	贈与の日における年齢			
	贈与の時における贈与者との関係		□直系卑属 □直系卑属以外の親族 □親族外	

	贈与の時における代表者への就任の有無			□有 □無	
	贈与の日前3年以上にわたる役員への就任の有無			□有 □無	
	贈与の時における過去の法第12条第1項の認定（施行規則第6条第1項第7号又は第9号の事由に係るものに限る。）に係る受贈の有無			□有 □無	
	贈与の時における同族関係者との保有議決権数の合計及びその割合			(h)+(i)+(j)　　　　個 ((h)+(i)+(j))/(b)　　％	
保有議決権数及びその割合	贈与の直前	(h)	個	贈与者から贈与により取得した数(*4)	(i)　　個
		(h)/(a)	％		
	贈与の時	(h)+(i)	個		
		((h)+(i))/(b)	％		
	(*4)のうち租税特別措置法第70条の7の5第1項の適用を受けようとする株式等に係る議決権の数(*5)				個
	(*5)のうち第二種特例贈与認定申請基準日までに譲渡した数				個
贈与の時における同族関係者	氏名(会社名)	住所(会社所在地)		保有議決権数及びその割合	
				(m)　　　　個 (m)/(b)　　　％	

3　贈与者が第二種特例経営承継受贈者へ第二種特例認定贈与株式を法第12条第1項の認定に係る贈与をする前に、当該認定贈与株式を法第12条第1項の認定に係る受贈をしている場合に記載すべき事項について

本申請に係る株式等の贈与が該当する贈与の類型	□該当無し □第一種特別贈与認定株式再贈与　　□第二種特別贈与認定株式再贈与 □第一種特例贈与認定株式再贈与　　□第二種特例贈与認定株式再贈与			
	氏名	認定日	左記認定番号	左記認定を受けた株式数
第二種特例贈与認定中小企業者の認定贈与株式を法第12条第1項の認定に係る受贈をした				

者に、贈与をした者。(当該贈与をした者が複数ある場合には、贈与した順にすべてを記載する。)				

(備考)
① 用紙の大きさは、日本工業規格 A4 とする。
② 記名押印については、署名をする場合、押印を省略することができる。
③ 申請書（別紙 1 及び別紙 2 を含む）の写し及び施行規則第 7 条第 8 項の規定により読み替えられた同条第 2 項各号に掲げる書類を添付する。
④ 施行規則第 6 条第 2 項の規定により申請者が資産保有型会社又は資産運用型会社に該当しないものとみなれた場合には、その旨を証する書類を添付する。
⑤ 第二種特例贈与認定申請基準事業年度終了の日において申請者に特別子会社がある場合にあっては特別子会社に該当する旨を証する書類、当該特別子会社が資産保有型子会社又は資産運用型子会社に該当しないとき（施行規則第 6 条第 2 項の規定によりそれぞれに該当しないものとみなされた場合を含む。）には、その旨を証する書類を添付する。

(記載要領)
① 単位が「%」の欄は小数点第 1 位までの値を記載する。
② 「贈与者から贈与により取得した数」については、贈与の時以後のいずれかの時において申請者が合併により消滅した場合にあっては当該合併に際して交付された吸収合併存続会社等の株式等（会社法第 234 条第 1 項の規定により競売しなければならない株式を除く。）に係る議決権の数、贈与の時以後のいずれかの時において申請者が株式交換等により他の会社の株式交換完全子会社等となった場合にあっては当該株式交換等に際して交付された株式交換完全親会社等の株式等（会社法第 234 条第 1 項の規定により競売しなければならない株式を除く。）に係る議決権の数とする。
③ 「認定申請基準事業年度における特定資産等に係る明細表」については、第二種特例贈与認定申請基準事業年度に該当する事業年度が複数ある場合には、その事業年度ごとに同様の表を記載する。「特定資産」又は「運用収入」については、該当するものが複数ある場合には同様の欄を追加して記載する。（施行規則第 6 条第 2 項の規定によりそれぞれに該当しないものとみなされた場合には空欄とする。）
④ 「損金不算入となる給与」については、法人税法第 34 条及び第 36 条の規定により申請者の各事業年度の所得の金額の計算上損金の額に算入されないこととなる給与（債務の免除による利益その他の経済的な利益を含む。）の額を記載する。（施行規

則第6条第2項の規定によりそれぞれに該当しないものとみなされた場合には空欄とする。)
⑤ 「(*3)を発行している場合にはその保有者」については、申請者が会社法第108条第1項第8号に掲げる事項について定めがある種類の株式を発行している場合に記載し、該当する者が複数ある場合には同様の欄を追加して記載する。
⑥ 「総収入金額(営業外収入及び特別利益を除く。)」については、会社計算規則(平成18年法務省令第13号)第88条第1項第4号に掲げる営業外収益及び同項第6号に掲げる特別利益を除いて記載する。
⑦ 「同族関係者」については、該当する者が複数ある場合には同様の欄を追加して記載する。
⑧ 「(*1)の3分の2」については、1株未満又は1円未満の端数がある場合にあっては、その端数を切り上げた数又は金額を記載する。
⑨ 「特別子会社」については、贈与の時以後において申請者に特別子会社がある場合に記載する。特別子会社が複数ある場合には、それぞれにつき記載する。「株主又は社員」が複数ある場合には、同様の欄を追加して記載する。

(別紙1)

認定中小企業者の特定資産等について

主たる事業内容					
資本金の額又は出資の総額					円
認定申請基準事業年度における特定資産等に係る明細表					
種別		内容	利用状況	帳簿価額	運用収入
有価証券	特別子会社の株式又は持分（(*2)を除く。）			(1) 円	(12) 円
	資産保有型子会社又は資産運用型子会社に該当する特別子会社の株式又は持分(*2)			(2) 円	(13) 円
	特別子会社の株式又は持分以外のもの			(3) 円	(14) 円
不動産	現に自ら使用しているもの			(4) 円	(15) 円
	現に自ら使用していないもの			(5) 円	(16) 円
ゴルフ場その他の施設の利用に関する権利	事業の用に供することを目的として有するもの			(6) 円	(17) 円
	事業の用に供することを目的としないで有するもの			(7) 円	(18) 円
絵画、彫刻、工芸品その他の有形の文化的所産である動産、貴金属及び宝石	事業の用に供することを目的として有するもの			(8) 円	(19) 円
	事業の用に供することを目的としないで有するもの			(9) 円	(20) 円
現金、預貯金等	現金及び預貯金その			(10)	(21)

	他これらに類する資産			円	円
	経営承継受贈者及び当該経営承継受贈者に係る同族関係者等（施行規則第1条第12項第2号ホに掲げる者をいう。）に対する貸付金及び未収金その他これらに類する資産			(11) 円	(22) 円
特定資産の帳簿価額の合計額	(23)=(2)+(3)+(5)+(7)+(9)+(10)+(11) 円		特定資産の運用収入の合計額	(25)=(13)+(14)+(16)+(18)+(20)+(21)+(22) 円	
資産の帳簿価額の総額	(24)　　　　円		総収入金額	(26)　　　　円	
認定申請基準事業年度終了の日以前の5年間（贈与の日前の期間を除く。）に経営承継受贈者及び当該経営承継受贈者に係る同族関係者に対して支払われた剰余金の配当等及び損金不算入となる給与の金額			剰余金の配当等	(27) 円	
			損金不算入となる給与	(28) 円	
特定資産の帳簿価額等の合計額が資産の帳簿価額等の総額に対する割合	(29)=((23)+(27)+(28))/((24)+(27)+(28)) ％		特定資産の運用収入の合計額が総収入金額に占める割合	(30)=(25)/(26) ％	
会社法第108条第1項第8号に掲げる事項について定めがある種類の株式(*3)の発行の有無				有□　　無□	
(*3)を発行している場合にはその保有者	氏名（会社名）		住所（会社所在地）		
総収入金額（営業外収益及び特別利益を除く。）				円	

(別紙2)

認定中小企業者が常時使用する従業員の数及び特別子会社について

1 認定中小企業者が常時使用する従業員の数について

常時使用する従業員の数		贈与の時 (a)+(b)+(c)-(d) 　　　　　　　　　　　人
	厚生年金保険の被保険者の数	(a) 　　　　　　　　　　　人
	厚生年金保険の被保険者ではなく健康保険の被保険者である従業員の数	(b) 　　　　　　　　　　　人
	厚生年金保険・健康保険のいずれの被保険者でもない従業員の数	(c) 　　　　　　　　　　　人
	役員（使用人兼務役員を除く。）の数	(d) 　　　　　　　　　　　人

2 贈与の時以後における特別子会社について

区分			特定特別子会社に　該当 / 非該当	
会社名				
会社所在地				
主たる事業内容				
資本金の額又は出資の総額				円
総株主等議決権数			(a)	個
株主又は社員	氏名（会社名）	住所（会社所在地）	保有議決権数及びその割合	
			(b) (b)/(a)	個 ％

(2) 贈与税の免除に関する手続き

① 概要

先代経営者等（贈与者）の死亡等があった場合には、「免除届出書」・「免除申請書」を提出することにより、その死亡等のあったときにおいて納税が猶予されている贈与税の全部又は一部についてその納付が免除される。

【猶予されている贈与税の納付が免除される主な場合】
- イ　先代経営者等（贈与者）が死亡した場合
- ロ　後継者（受贈者）が死亡した場合
- ハ　（特例）経営贈与承継期間内において、やむを得ない理由により会社の代表権を有しなくなった日以後に「免除対象贈与（注）」を行った場合
- ニ　（特例）経営贈与承継期間の経過後に「免除対象贈与」を行った場合
- ホ　（特例）経営贈与承継期間の経過後において会社について破産手続開始決定などがあった場合
- ヘ　特例経営贈与承継期間の経過後に、事業の継続が困難な一定の事由が生じた場合において、会社について、譲渡・解散した場合

（注）経営承継受贈者が特例の適用を受けた非上場株式等につき後継者に贈与し、その後継者が、贈与税の納税猶予の特例の適用を受ける場合における贈与のことをいう。

② 提出時期及び提出書類
- イ　先代経営者等（贈与者）が死亡した場合
　　死亡があった日から同日以後10か月を経過する日までに免除届出書を提出
- ロ　後継者（受贈者）が死亡した場合
　　死亡があった日から同日以後6か月を経過する日までに免除届出書

ハ　(特例) 経営贈与承継期間内において、やむを得ない理由により会社の代表権を有しなくなった日以後に「免除対象贈与」を行った場合
　　　贈与税の納税猶予制度の特例の適用に係る申告書を提出した日以後6か月を経過する日までに、経営承継受贈者は、免除届出書を提出

　ニ　(特例) 経営贈与承継期間の経過後に「免除対象贈与」を行った場合
　　　贈与税の納税猶予制度の特例の適用に係る申告書を提出した日以後6か月を経過する日までに、経営承継受贈者は、免除届出書を提出

　ホ　(特例) 経営贈与承継期間の経過後に、破産手続開始決定など、事業の継続が困難な一定の事由が生じた場合において、会社について、譲渡・解散した場合
　　　一定の免除事由に該当することとなった日から2か月を経過する日までに免除申請書を提出

③　提出先
　贈与税の納税地を所轄する税務署長

(3) 相続税の納税猶予に関する手続き

《第一種特例相続認定中小企業者に係る認定申請書》

① 概要

先代経営者が所有する株式と後継者が相続又は遺贈により取得した場合において、以下の申請書等を提出することにより、相続税の納税猶予の規定が適用される。

② 提出時期

相続の開始の日の翌日から8か月を経過する日まで

③ 提出先

各都道府県知事

④ 提出書類

イ 認定申請書（様式8の3）（原本1部、写し1部）

※袋とじをして表と裏に割印を押す。

認定申請書内で別紙を添付する場合は、その「別紙」も一緒に袋とじする。

ロ 定款の写し

※相続認定申請基準日において有効である定款の写しに、認定申請日付で原本証明をする。

ハ 株主名簿（以下の全ての時点における株主名簿の写しで原本証明したもの）

(イ) 被相続人が代表者であった時

(ロ) 相続の開始の直前

(ハ) 相続の開始の時

(ニ) 相続認定申請基準日

ニ 履歴事項全部証明書

(イ) 相続認定申請基準日以降に取得した原本

(ロ) 先代経営者が相続の直前において代表者でない場合には、代表者であった旨の記載のある履歴事項又は閉鎖事項証明書の原本

ホ 遺言書又は遺産分割協議書の写し及び相続税額の見込み額を記載した書類

(イ) 遺言書の写し又は遺産分割協議書の写しその他当該株式の取得の事実を証する書類
　　　(ロ) 申請会社の相続対象株式に係る相続税の見込み額を記載した書類
　　　　（相続税申告書の第1表、第8の2表及びその付表、第11表でも可）
　ヘ　従業員数証明書（相続の開始の時）
　ト　相続認定申請基準事業年度の決算関係書類等
　チ　上場会社等又は風俗営業会社のいずれにも該当しない旨の誓約書
　リ　特別子会社・特定特別子会社が上場会社等又は風俗営業会社のいずれにも該当しない旨の誓約書
　ヌ　被相続人・相続人・その他の一定の親族の戸籍謄本等
　　　(イ) 被相続人
　　　(ロ) 経営承継相続人
　　　(ハ) 申請会社の議決権を有する経営承継相続人の親族全員
　　　(ニ) 剰余金の配当等又は損金不算入給与を受けた経営承継受贈者の親族全員（施行規則第6条第2項の事業実態要件に該当することで認定申請をする場合は不要）
　ル　特例承継計画又はその確認書
　　　(イ) 既に特例承継計画の確認書の交付を受けている場合には、その確認書（様式第22）を添付する。
　　　(ロ) 特例承認計画に記載した特例後継者に追加・変更がある場合には、変更確認申請書（様式第24）を提出する。
　　　(ハ) 既に特例承継計画の変更申請をし、確認を受けている場合には、その変更後の確認書（様式第22）を添付する。
　ヲ　その他、認定の参考となる書類
　ワ　返信用封筒
　　　（定形外封筒。返信先宛先明記。切手貼付不要）

（出典）東京都産業労働局ホームページ　事業承継税制の認定　＊一部加工
（http://www.sangyo-rodo.metro.tokyo.jp/chushou/shoko/keiei/jigyoshokeizeisei/）

(様式)

様式第8の3

第一種特例相続認定中小企業者に係る認定申請書

年　月　日

都道府県知事名　殿

郵　便　番　号
会　社　所　在　地
会　　社　　名
電　話　番　号
代　表　者　の　氏　名　　　　　　印

　中小企業における経営の承継の円滑化に関する法律第12条第1項の認定（同法施行規則第6条第1項第12号の事由に係るものに限る。）を受けたいので、下記のとおり申請します。

記

1　特例承継計画の確認について

施行規則第17条第1項第1号の確認（施行規則第18条第1項又は第2項の変更の確認をした場合には変更後の確認）に係る確認事項	確認の有無		□有 □無（本申請と併せて提出）
	「有」の場合	確認の年月日及び番号	年　月　日（　　号）
		特例代表者の氏名	
		特例後継者の氏名	

2　被相続人及び第一種特例経営承継相続人について

相続の開始の日			年　　月　　日
第一種特例相続認定申請基準日			年　　月　　日
相続税申告期限			年　　月　　日
第一種特例相続認定申請基準事業年度		年　月　日から　年　月　日まで	
総株主等議決権数	相続の開始の直前	(a)	個
	相続の開始の時	(b)	個

被相続人	氏名		
	最後の住所		
	相続の開始の日の年齢		
	相続の開始の時における過去の法第12条第1項の認定（施行規則第6条第1項第11号又は第13号の事由に係るものに限る。）に係る贈与の有無	□有　□無	
	代表者であった時期	年　月　日から　年　月　日	
	代表者であって、同族関係者と合わせて申請者の総株主等議決権数の100分の50を超える数を有し、かつ、いずれの同族関係者（第一種特例経営承継相続人となる者を除く。）が有する議決権数をも下回っていなかった時期(*)	年　月　日から　年　月　日	
	(*)の時期における総株主等議決権数	(c)	個
	(*)の時期における同族関係者との保有議決権数	(d)+(e)	個
		((d)+(e))／(c)	％
	(*)の時期における保有議決権数及びその割合	(d)	個
		(d)／(c)	％
	(*)の時期における同族関係者　氏名（会社名）　住所（会社所在地）	保有議決権数及びその割合	
		(e)	個
		(e)／(c)	％
	相続の開始の直前における同族関係者との保有議決権数の合計及びその割合	(f)+(g)	個
		((f)+(g))／(a)	％
	相続の開始の直前における保有議決権数及びその割合	(f)	個
		(f)／(a)	％
	相続の開始の直前における同族関係者　氏名(会社名)　住所(会社所在地)	保有議決権数及びその割合	
		(g)	個
		(g)／(a)	％
第一種特例経営承継相続人	氏名		
	住所		
	相続の開始の直前における被相続人との関係	□直系卑属 □直系卑属以外の親族	

			☐親族外		
相続の開始の日の翌日から5月を経過する日における代表者への就任の有無				☐有	☐無
相続の開始の直前における役員への就任の有無				☐有	☐無
相続の開始の時における過去の法第12条第1項の認定（施行規則第6条第1項第7号又は第9号の事由に係るものに限る。）に係る受贈の有無				☐有	☐無
相続の開始の時における同族関係者との保有議決権数の合計及びその割合			(h)+(i)+(j)　　　　個 ((h)+(i)+(j))/(b)　　　％		
保有議決権数及びその割合	相続の開始の直前	(h)　　　　個 (h)/(a)　　　％	被相続人から相続又は遺贈により取得した数 (*1)	(i)　　　個	
	相続の開始の時	(h)+(i)　　　個 ((h)+(i))/(b)　　　％			
	(*1)のうち租税特別措置法第70条の7の6第1項の適用を受けようとする株式等に係る数(*2)			個	
	(*2)のうち第一種特例相続認定申請基準日までに譲渡した数			個	
相続の開始の時における同族関係者	氏名(会社名)	住所(会社所在地)	保有議決権数及びその割合		
			(j)　　　　個 (j)/(b)　　　％		

（備考）
① 用紙の大きさは、日本工業規格A4とする。
② 記名押印については、署名をする場合、押印を省略することができる。
③ 申請書の写し（別紙1及び別紙2を含む）及び施行規則第7条第7項の規定により読み替えられた第7条第3項各号に掲げる書類を添付する。
④ 「施行規則第17条第1項第1号の確認（施行規則第18条第1項又は第2項の変更の確認をした場合には変更後の確認）に係る確認事項」については、当該確認を受けていない場合には、施行規則第17条第2項各号に掲げる書類を添付する。また、施行規則第18条第1項又は第2項に定める変更をし、当該変更後の確認を受けていない場合には、同条第5項の規定により読み替えられた前条第2項に掲げる書類を添付する。
⑤ 施行規則第6条第2項の規定により申請者が資産保有型会社又は資産運用型会社に

該当しないものとみなされた場合には、その旨を証する書類を添付する。
⑥ 第一種特例相続認定申請基準事業年度終了の日において申請者に特別子会社がある場合にあっては特別子会社に該当する旨を証する書類、当該特別子会社が資産保有型子会社又は資産運用型子会社に該当しないとき（施行規則第6条第2項の規定によりそれぞれに該当しないものとみなされた場合を含む。）には、その旨を証する書類を添付する。

（記載要領）
① 単位が「％」の欄は小数点第1位までの値を記載する。
② 「被相続人から相続又は遺贈により取得した数」については、相続の開始の時以後のいずれかの時において申請者が合併により消滅した場合にあっては当該合併に際して交付された吸収合併存続会社等の株式等（会社法第234条第1項の規定により競売しなければならない株式を除く。）に係る議決権の数、相続の開始の時以後のいずれかの時において申請者が株式交換等により他の会社の株式交換完全子会社等となった場合にあっては当該株式交換等に際して交付された株式交換完全親会社等の株式等（会社法第234条第1項の規定により競売しなければならない株式を除く。）に係る議決権の数とする。
③ 「認定申請基準事業年度における特定資産等に係る明細表」については、第一種特例相続認定申請基準事業年度に該当する事業年度が複数ある場合には、その事業年度ごとに同様の表を記載する。「特定資産」又は「運用収入」については、該当するものが複数ある場合には同様の欄を追加して記載する。（施行規則第6条第2項の規定によりそれぞれに該当しないものとみなされた場合には空欄とする。）
④ 「損金不算入となる給与」については、法人税法第34条及び第36条の規定により申請者の各事業年度の所得の金額の計算上損金の額に算入されないこととなる給与（債務の免除による利益その他の経済的な利益を含む。）の額を記載する。（施行規則第6条第2項の規定によりそれぞれに該当しないものとみなされた場合には空欄とする。）
⑤ 「(*3)を発行している場合にはその保有者」については、申請者が会社法第108条第1項第8号に掲げる事項について定めがある種類の株式を発行している場合に記載し、該当する者が複数ある場合には同様の欄を追加して記載する。
⑥ 「総収入金額（営業外収入及び特別利益を除く。）」については、会社計算規則（平成18年法務省令第13号）第88条第1項第4号に掲げる営業外収益及び同項第6号に掲げる特別利益を除いて記載する。
⑦ 「同族関係者」については、該当する者が複数ある場合には同様の欄を追加して記載する。
⑧ 「特別子会社」については、相続の開始の時以後において申請者に特別子会社があ

る場合に記載する。特別子会社が複数ある場合には、それぞれにつき記載する。「株主又は社員」が複数ある場合には、同様の欄を追加して記載する。
⑨　申請者が施行規則第6条第9項の規定により読み替えられた第6条第3項に該当する場合には、「相続の開始」を「贈与」と読み替えて記載する。ただし、「相続の開始の日の翌日から5月を経過する日における代表者への就任」は「贈与の時における代表者への就任」と、「相続の開始の直前における役員への就任」は「贈与の日前3年以上にわたる役員への就任」と読み替えて記載する。

(別紙1)

認定中小企業者の特定資産等について

主たる事業内容					
資本金の額又は出資の総額					円
認定申請基準事業年度における特定資産等に係る明細表					
種別		内容	利用状況	帳簿価額	運用収入
有価証券	特別子会社の株式又は持分（(*2)を除く。）			(1) 円	(12) 円
	資産保有型子会社又は資産運用型子会社に該当する特別子会社の株式又は持分(*2)			(2) 円	(13) 円
	特別子会社の株式又は持分以外のもの			(3) 円	(14) 円
不動産	現に自ら使用しているもの			(4) 円	(15) 円
	現に自ら使用していないもの			(5) 円	(16) 円
ゴルフ場その他の施設の利用に関する権利	事業の用に供することを目的として有するもの			(6) 円	(17) 円
	事業の用に供することを目的としないで有するもの			(7) 円	(18) 円
絵画、彫刻、工芸品その他の有形の文化的所産である動産、貴金属及び宝石	事業の用に供することを目的として有するもの			(8) 円	(19) 円
	事業の用に供することを目的としないで有するもの			(9) 円	(20) 円
現金、預貯金等	現金及び預貯金その			(10)	(21)

	他これらに類する資産		円	円
	経営承継相続人及び当該経営承継相続人に係る同族関係者等（施行規則第1条第12項第2号ホに掲げる者をいう。）に対する貸付金及び未収金その他これらに類する資産	(11) 円	(22) 円
特定資産の帳簿価額の合計額	(23)=(2)+(3)+(5)+(7)+(9)+(10)+(11)　円	特定資産の運用収入の合計額	(25)=(13)+(14)+(16)+(18)+(20)+(21)+(22)　円
資産の帳簿価額の総額	(24)　円	総収入金額	(26)　円
認定申請基準事業年度終了の日以前の5年間（相続の開始の日前の期間を除く。）に経営承継相続人及び当該経営承継相続人に係る同族関係者に対して支払われた剰余金の配当等及び損金不算入となる給与の金額		剰余金の配当等	(27)　円
		損金不算入となる給与	(28)　円
特定資産の帳簿価額等の合計額が資産の帳簿価額等の総額に対する割合	(29)=((23)+(27)+(28))/((24)+(27)+(28))　％	特定資産の運用収入の合計額が総収入金額に占める割合	(30)=(25)/(26)　％
会社法第108条第1項第8号に掲げる事項について定めがある種類の株式(*3)の発行の有無			有□　無□
(*3)を発行している場合にはその保有者	氏名（会社名）	住所（会社所在地）	
総収入金額（営業外収益及び特別利益を除く。）			円

(別紙2)

認定中小企業者が常時使用する従業員の数及び特別子会社について

1 相続認定中小企業者が常時使用する従業員の数について

常時使用する従業員の数	相続の開始の時 (a)+(b)+(c)-(d)　　　　　人
厚生年金保険の被保険者の数	(a)　　　　　人
厚生年金保険の被保険者ではなく健康保険の被保険者である従業員の数	(b)　　　　　人
厚生年金保険・健康保険のいずれの被保険者でもない従業員の数	(c)　　　　　人
役員（使用人兼務役員を除く。）の数	(d)　　　　　人

2 相続の開始の時以後における特別子会社について

区分			特定特別子会社に　該当 / 非該当	
会社名				
会社所在地				
主たる事業内容				
資本金の額又は出資の総額				円
総株主等議決権数			(a)	個
株主又は社員	氏名（会社名）	住所（会社所在地）	保有議決権数及びその割合	
			(b)　　　　　個	
			(b)/(a)　　　　　%	

《第二種特例相続認定中小企業者に係る認定申請書》
① 概要
　先代経営者以外の株主等が所有する株式を後継者が相続又は遺贈により取得した場合において以下の申請書等を提出することにより、相続税の納税猶予の規定が適用される。
② 提出時期
　相続の開始の日の翌日から8か月を経過する日まで
③ 提出先
　各都道府県知事
④ 提出書類
　イ　認定申請書（様式8の4）（原本1部、写し1部）
　　　※袋とじをして表と裏に割印を押す。
　　　　認定申請書内で別紙を添付する場合は、その「別紙」も一緒に袋とじする。
　ロ　定款の写し
　　　※相続認定申請基準日において有効である定款の写しに、認定申請日付で原本証明をする。
　ハ　株主名簿（以下の全ての時点における株主名簿の写しで原本証明したもの）
　　　(イ)　相続の開始の時
　　　(ロ)　相続認定申請基準日
　ニ　履歴事項全部証明書
　　　相続認定申請基準日以降に取得した原本
　ホ　遺言書又は遺産分割協議書の写し及び相続税額の見込み額を記載した書類
　　　(イ)　遺言書の写し又は遺産分割協議書の写しその他当該株式の取得の事実を証する書類
　　　(ロ)　申請会社の相続対象株式に係る相続税の見込み額を記載した書類（相続税申告書の第1表、第8の2表及びその付表、第11表でも可）

ヘ　従業員数証明書（相続の開始の時）
ト　相続認定申請基準事業年度の決算関係書類等
チ　申請会社が上場会社等又は風俗営業会社のいずれにも該当しない旨の誓約書
リ　特別子会社・特定特別子会社が上場会社等又は風俗営業会社のいずれにも該当しない旨の誓約書
ヌ　被相続人・相続人・その他の一定の親族の戸籍謄本等
　　(イ)　被相続人
　　(ロ)　経営承継相続人
　　(ハ)　申請会社の議決権を有する経営承継相続人の親族全員
　　(ニ)　剰余金の配当等又は損金不算入給与を受けた経営承継受贈者の親族全員（施行規則第6条第2項の事業実態要件に該当することで認定申請をする場合は不要）
ル　特例承継計画又はその確認書
　　(イ)　既に特例承継計画の確認書の交付を受けている場合には、その確認書（様式第22）を添付する。
　　(ロ)　特例承認計画に記載した特例後継者に追加・変更がある場合には、変更確認申請書（様式第24）を提出する。
　　(ハ)　既に特例承継計画の変更申請をし、確認を受けている場合には、その変更後の確認書（様式第22）を添付する。
ヲ　その他、認定の参考となる書類
ワ　返信用封筒
　　（定形外封筒。返信先宛先明記。切手貼付不要）

（出典）東京都産業労働局ホームページ　事業承継税制の認定　*一部加工
(http://www.sangyo-rodo.metro.tokyo.jp/chushou/shoko/keiei/jigyoshokeizeisei/)

(様式)

様式第8の4

第二種特例相続認定中小企業者に係る認定申請書

　　　　　　　　　　　　　　　　　　　　　　　　　　年　月　日

都道府県知事名　殿

　　　　　　　　　　　　　　　　　郵　便　番　号
　　　　　　　　　　　　　　　　　会 社 所 在 地
　　　　　　　　　　　　　　　　　会　社　名
　　　　　　　　　　　　　　　　　電　話　番　号
　　　　　　　　　　　　　　　　　代表者の氏名　　　　　　　　印

　中小企業における経営の承継の円滑化に関する法律第12条第1項の認定(同法施行規則第6条第1項第14号の事由に係るものに限る。)を受けたいので、下記のとおり申請します。

記

1　第一種特例経営承継贈与又は第一種特例経営承継相続について

本申請に係る認定にあたり必要な施行規則第6条第1項第11号又は第12号の事由に係る第一種特例経営承継贈与又は第一種特例経営承継相続の有無		□有 □無
「有」 の場合	当該贈与者（当該被相続人）	
	第一種特例経営承継受贈者 （第一種特例経営承継相続人）	
	□当該贈与の日　□当該相続の開始の日	年　月　日
	当該第一種特例経営承継贈与又は第一種特例経営承継相続に係る認定の有効期間（当該認定を受ける前の場合は、その見込み）	年　月　日〜年　月　日 まで

2　被相続人及び第二種特例経営承継相続人について

相続の開始の日		年　月　日
第二種特例相続認定申請基準日		年　月　日

相続税申告期限				年　　月　　日	
第二種特例相続認定申請基準事業年度			年　月　日から	年　月　日まで	
総株主等議決権数	相続の開始の直前		(a)		個
	相続の開始の時		(b)		個

被相続人	氏名			
	最後の住所			
	相続の開始の日の年齢			
第二種特例経営承継相続人	氏名			
	最後の住所			
	相続の開始の日の年齢			
	相続の開始の直前における被相続人との関係		□直系卑属 □直系卑属以外の親族 □親族外	
	相続の開始の日の翌日から5月を経過する日における代表者への就任の有無		□有　□無	
	相続の開始の直前における役員への就任の有無		□有　□無	
	相続開始の時における過去の法第12条第1項の認定（施行規則第6条第1項第7号又は第9号の事由に係るものに限る。）に係る受贈の有無		□有　□無	
	相続の開始の時における同族関係者との保有議決権数の合計及びその割合		(c)+(d)+(e)　　　　個 ((c)+(d)+(e))/(b)　　％	
	保有議決権数及びその割合	相続の開始の直前	(c)　　　　個 (c)/(a)　　　％	被相続人から相続又は遺贈により取得した数(*1)	(d)　　　個
		相続の開始の時	(c)+(d)　　個 ((c)+(d))/(b)　％		
		(*1)のうち租税特別措置法第70条の7の6第1項の適用を受けようとする株式等に係る数(*2)			個
		(*2)のうち第二種特例相続認定申請基準日までに譲渡した数			個
	相続の開始の時における同族関係者	氏名(会社名)	住所(会社所在地)	保有議決権数及びその割合	
				(e)　　　　個 (e)/(b)　　　％	

(備考)

① 用紙の大きさは、日本工業規格A4とする。
② 記名押印については、署名をする場合、押印を省略することができる。
③ 申請書の写し（別紙1及び別紙2を含む）及び施行規則第7条第9項の規定により読み替えられた第7条第3項各号に掲げる書類を添付する。
④ 施行規則第6条第2項の規定により申請者が資産保有型会社又は資産運用型会社に該当しないものとみなされた場合には、その旨を証する書類を添付する。
⑤ 第二種特例相続認定申請基準事業年度終了の日において申請者に特別子会社がある場合にあっては特別子会社に該当する旨を証する書類、当該特別子会社が資産保有型子会社又は資産運用型子会社に該当しないとき（施行規則第6条第2項の規定によりそれぞれに該当しないものとみなされた場合を含む。）には、その旨を証する書類を添付する。

（記載要領）
① 単位が「％」の欄は小数点第1位までの値を記載する。
② 「被相続人から相続又は遺贈により取得した数」については、相続の開始の時以後のいずれかの時において申請者が合併により消滅した場合にあっては当該合併に際して交付された吸収合併存続会社等の株式等（会社法第234条第1項の規定により競売しなければならない株式を除く。）に係る議決権の数、相続の開始の時以後のいずれかの時において申請者が株式交換等により他の会社の株式交換完全子会社等となった場合にあっては当該株式交換等に際して交付された株式交換完全親会社等の株式等（会社法第234条第1項の規定により競売しなければならない株式を除く。）に係る議決権の数とする。
③ 「認定申請基準事業年度における特定資産等に係る明細表」については、第二種特例相続認定申請基準事業年度に該当する事業年度が複数ある場合には、その事業年度ごとに同様の表を記載する。「特定資産」又は「運用収入」については、該当するものが複数ある場合には同様の欄を追加して記載する。（施行規則第6条第2項の規定によりそれぞれに該当しないものとみなされた場合には空欄とする。）
④ 「損金不算入となる給与」については、法人税法第34条及び第36条の規定により申請者の各事業年度の所得の金額の計算上損金の額に算入されないこととなる給与（債務の免除による利益その他の経済的な利益を含む。）の額を記載する。（施行規則第6条第2項の規定によりそれぞれに該当しないものとみなされた場合には空欄とする。）
⑤ 「(*3)を発行している場合にはその保有者」については、申請者が会社法第108条第1項第8号に掲げる事項について定めがある種類の株式を発行している場合に記載し、該当する者が複数ある場合には同様の欄を追加して記載する。
⑥ 「総収入金額（営業外収入及び特別利益を除く。）」については、会社計算規則（平成18年法務省令第13号）第88条第1項第4号に掲げる営業外収益及び同項第6号に掲

げる特別利益を除いて記載する。
⑦ 「同族関係者」については、該当する者が複数ある場合には同様の欄を追加して記載する。
⑧ 「特別子会社」については、相続の開始の時以後において申請者に特別子会社がある場合に記載する。特別子会社が複数ある場合には、それぞれにつき記載する。「株主又は社員」が複数ある場合には、同様の欄を追加して記載する。
⑨ 申請者が施行規則第6条第12項の規定により読み替えられた第6条第3項に該当する場合には、「相続の開始」を「贈与」と読み替えて記載する。ただし、「相続の開始の日の翌日から5月を経過する日における代表者への就任」は「贈与の時における代表者への就任」と、「相続の開始の直前における役員への就任」は「贈与の日前3年以上にわたる役員への就任」と読み替えて記載する。

(別紙1)

認定中小企業者の特定資産等について

主たる事業内容					
資本金の額又は出資の総額					円
認定申請基準事業年度における特定資産等に係る明細表					
種別		内容	利用状況	帳簿価額	運用収入
有価証券	特別子会社の株式又は持分（(*2)を除く。）			(1) 円	(12) 円
	資産保有型子会社又は資産運用型子会社に該当する特別子会社の株式又は持分(*2)			(2) 円	(13) 円
	特別子会社の株式又は持分以外のもの			(3) 円	(14) 円
不動産	現に自ら使用しているもの			(4) 円	(15) 円
	現に自ら使用していないもの			(5) 円	(16) 円
ゴルフ場その他の施設の利用に関する権利	事業の用に供することを目的として有するもの			(6) 円	(17) 円
	事業の用に供することを目的としないで有するもの			(7) 円	(18) 円
絵画、彫刻、工芸品その他の有形の文化的所産である動産、貴金属及び宝石	事業の用に供することを目的として有するもの			(8) 円	(19) 円
	事業の用に供することを目的としないで有するもの			(9) 円	(20) 円
現金、預貯金等	現金及び預貯金その			(10)	(21)

	他これらに類する資産		円	円
	経営承継相続人及び当該経営承継相続人に係る同族関係者等（施行規則第1条第12項第2号ホに掲げる者をいう。）に対する貸付金及び未収金その他これらに類する資産		(11) 円	(22) 円
特定資産の帳簿価額の合計額	(23)=(2)+(3)+(5)+(7)+(9)+(10)+(11)　円	特定資産の運用収入の合計額		(25)=(13)+(14)+(16)+(18)+(20)+(21)+(22)　円
資産の帳簿価額の総額	(24)　円	総収入金額		(26)　円
認定申請基準事業年度終了の日以前の5年間（相続の開始の日前の期間を除く。）に経営承継相続人及び当該経営承継相続人に係る同族関係者に対して支払われた剰余金の配当等及び損金不算入となる給与の金額		剰余金の配当等		(27)　円
		損金不算入となる給与		(28)　円
特定資産の帳簿価額等の合計額が資産の帳簿価額等の総額に対する割合	(29)=((23)+(27)+(28))/((24)+(27)+(28))　％	特定資産の運用収入の合計額が総収入金額に占める割合		(30)=(25)/(26)　％
会社法第108条第1項第8号に掲げる事項について定めがある種類の株式(*3)の発行の有無				有□　無□
(*3)を発行している場合にはその保有者	氏名（会社名）	住所（会社所在地）		
総収入金額（営業外収益及び特別利益を除く。）				円

(別紙2)

認定中小企業者が常時使用する従業員の数及び特別子会社について

1 認定中小企業者が常時使用する従業員の数について

常時使用する従業員の数	相続の開始の時 (a)+(b)+(c)-(d) 人
厚生年金保険の被保険者の数	(a) 人
厚生年金保険の被保険者ではなく健康保険の被保険者である従業員の数	(b) 人
厚生年金保険・健康保険のいずれの被保険者でもない従業員の数	(c) 人
役員（使用人兼務役員を除く。）の数	(d) 人

2 相続の開始の時以後における特別子会社について

区分		特定特別子会社に　該当 / 非該当	
会社名			
会社所在地			
主たる事業内容			
資本金の額又は出資の総額			円
総株主等議決権数		(a)	個
株主又は社員	氏名（会社名）	住所（会社所在地）	保有議決権数及びその割合
			(b) 個
			(b)/(a) ％

(4) 相続税の免除に関する手続き

《後継者の死亡等があった場合》

① 概要

　後継者の死亡等があった場合には、「免除届出書」・「免除申請書」を提出することにより、その死亡等があったときに納税が猶予されている相続税の全部又は一部ついてその納付が免除される。

【納税が猶予されている相続税の納付が免除される主な場合】
- イ　後継者が死亡した場合
- ロ　（特例）経営承継期間内において、やむを得ない理由により会社の代表権を有しなくなった日以後に「免除対象贈与」を行った場合
- ハ　（特例）経営承継期間の経過後に「免除対象贈与」を行った場合
- ニ　（特例）経営承継期間の経過後において会社について破産手続開始決定などがあった場合
- ホ　特例経営承継期間の経過後に、事業の継続が困難な一定の事由が生じた場合において、会社について、譲渡・解散した場合

② 提出時期及び提出書類
- イ　後継者が死亡した場合
　　死亡があった日から同日以後6か月を経過する日までに免除届出書を提出
- ロ　（特例）経営贈与承継期間内において、やむを得ない理由により会社の代表権を有しなくなった日以後に「免除対象贈与」を行った場合
　　その後継者が、贈与を受けた非上場株式等について、贈与税の納税猶予の特例の適用に係る申告書を提出した日以後6か月を経過する日までに免除届出書を提出
- ハ　（特例）経営贈与承継期間の経過後に「免除対象贈与」を行った場合
　　その後継者が、贈与を受けた非上場株式等について、贈与税の納税猶予の特例の適用に係る申告書を提出した日以後6か月を経過する日ま

でに、免除届出書を提出
ニ （特例）経営贈与承継期間の経過後において会社について破産手続開始決定など事業の継続が困難な一定の事由が生じた場合において、会社について、譲渡・解散した場合があった場合
一定の免除事由に該当することとなった日から2か月を経過する日までに免除申請書を提出

③ 提出先
相続税の納税地を所轄する税務署長

《先代経営者等（贈与者）が死亡した場合の取扱い》
① 概要
非上場株式等についての贈与税の納税猶予及び免除の適用を受けた非上場株式等は、相続又は遺贈により取得したものとみなして、贈与の時の価額により他の相続財産と合算して相続税を計算する。

なお、その際、都道府県知事の「円滑化法の確認」を受け、一定の要件を満たす場合には、そのみなされた非上場株式等について「非上場株式等の（特例）贈与者が死亡した場合の相続税の納税猶予及び免除」の適用を受けることができる。

② 提出時期及び提出書類
相続税の申告期限までに、「非上場株式等の（特例）贈与者が死亡した場合の相続税の納税猶予及び免除」の適用を受ける旨を記載した相続税の申告書及び一定の書類を提出する。

③ 提出先
所轄の税務署長

(5) 継続届出に関する手続き

① 贈与税・相続税の納税猶予の継続届出書

　イ　概要

　　非上場株式等についての贈与税・相続税の納税猶予及び免除の制度の適用を継続して受けるための手続き（非上場株式等についての贈与税・相続税の納税猶予の継続届出書を期限までに提出しなかった場合には、その提出期限の翌日から2か月を経過する日に納税の猶予に係る期限が確定する）

　ロ　提出時期

　　贈与税又は相続税の申告期限後5年間は毎年、5年経過後は3年ごとに提出なお、継続届出書の提出がない場合には、原則として、この特例の適用が打ち切られ、非上場株式等納税猶予税額と利子税を納付しなければならない。

　ハ　提出先

　　贈与税又は相続税の納税地を所轄する税務署長

《注意事項》

継続届出に関する書類については、事業承継税制の特例措置用のものが国税庁より公表されていないため一般措置用のものを掲載している。

非上場株式等についての 贈与税/相続税 の納税猶予の継続届出書（一般措置）

（税務署受付印）

_____税務署長

平成＿＿＿年＿＿＿月＿＿＿日

届出者 住所 〒＿＿＿＿＿＿＿＿＿＿＿＿＿

氏名 ＿＿＿＿＿＿＿＿＿＿＿＿＿印
（電話番号　－　－　）

※欄は記入しないでください。

租税特別措置法 第70条の7第1項／第70条の7の2第1項／第70条の7の4第1項 の規定による 贈与税/相続税 の納税の猶予を引き続いて受けたいので、次に掲げる税額等

第9項
について確認し、同条 第10項 の規定により関係書類を添付して届け出ます。
第8項

非上場株式等の	贈与を受けた／相続（遺贈）があった	年月日	平成　　年　　月　　日

贈与者被相続人	住所		氏名	

この届出書は、認定(贈与・相続)承継会社、贈与者ごとに作成してください。

1　経営(贈与・相続)報告基準日（以下「報告基準日」といいます。）　　平成＿＿＿年＿＿＿月＿＿＿日

2　1の報告基準日における猶予中 贈与税/相続税 額　　＿＿＿＿＿＿＿＿＿円

3　1の報告基準日において有する対象(受贈・相続)非上場株式等（以下「**非上場株式等**」といいます。）
の数又は金額　　＿＿＿＿＿＿＿＿＿株(口・円)

【非上場株式等の内訳等】※　記載に当たっては、裏面の記載方法等の「2」をご覧ください。

	贈与年月日	贈与者の氏名	贈与者の住所	左記の贈与者が贈与した株式等の数又は金額
イ	． ．			株(口・円)
ロ	． ．			株(口・円)

4　認定(贈与・相続)承継会社の名称　＿＿＿＿＿＿＿＿＿＿＿＿＿＿＿

5　1の報告基準日の直前の経営(贈与・相続)報告基準日の翌日から当該報告基準日までの間に、経営承継者につき納税の猶予に係る期限が到来した猶予中贈与税・相続税額がある場合又は再計算免除贈与税・相続税額の通知があった場合には、その明細を「納税の猶予に係る期限が到来した猶予中贈与税・相続税額又は再計算免除贈与税・相続税額の明細書（一般措置）」に記載の上、この届出書に添付して提出してください。

【添付書類】　認定(贈与・相続)承継会社に係る報告基準日における次に掲げる書類
① 定款の写し
② 登記事項証明書（報告基準日以後に作成されたものに限ります。）
③ 株主名簿の写しその他の書類で認定(贈与・相続)承継会社の株主又は社員の氏名又は名称及び住所又は所在地並びにこれらの者が有する認定(贈与・相続)承継会社の株式等に係る議決権の数が確認できる書類（認定(贈与・相続)承継会社が証明したものに限ります。）
④ 報告基準日の直前の経営(贈与・相続)報告基準日の翌日から報告基準日までの間に終了する各事業年度の認定(贈与・相続)承継会社の貸借対照表及び損益計算書
⑤ 中小企業における経営の承継の円滑化に関する法律施行規則第12条第2項（同条第14項において準用する場合を含みます。）又は同条第4項（同条第15項において準用する場合を含みます。）の報告の写し及び当該報告書に係る同条第31項の確認書の写し
⑥ 報告基準日の直前の経営(贈与・相続)報告基準日（最初の経営(贈与・相続)報告基準日の場合は、贈与税・相続税の申告書の提出期限）の翌日から報告基準日までの間に会社分割又は組織変更があった場合には、会社分割に係る吸収分割契約書若しくは新設分割計画書の写し又は組織変更計画書の写し
⑦ 報告基準日の直前の経営(贈与・相続)報告基準日の翌日から報告基準日までの間に合併又は株式交換等があった場合には、裏面の4に掲げる書類

（注）報告基準日が最初の「非上場株式等についての贈与税・相続税の納税猶予及び免除」の適用に係る贈与税又は相続税の申告書の提出期限の翌日以後5年を経過する日のいずれか早い日以前である場合には②及び④の書類、当該いずれか早い日の翌日以後である場合は⑤の書類の提出は必要ありません。

関与税理士　＿＿＿＿＿＿＿	電話番号　＿＿＿＿＿＿＿

※	通信日付印の年月日	確認印	入 力	確 認	納税猶予番号
	年　　月　　日				

② 年次報告書
　イ　概要
　　　贈与税又は相続税の納税猶予の特例措置の認定を受けた中小企業者等は、認定時の要件を引き続き維持している等の場合にする報告。その報告は、特例措置の認定申請書提出以後、5年間は提出が必要。

　ロ　提出期限
　　　贈与税又は相続税の報告基準日の翌日から3か月を経過する日まで。

　ハ　提出先
　　　各都道府県知事

　ニ　提出書類
　　　㋑　年次報告書（様式第11）（原本1部、写し1部）
　　　㋺　定款の写し
　　　㋩　登記事項証明書
　　　㋥　株主名簿の写し
　　　㋭　従業員数証明書及び必要書類
　　　㋬　贈与（相続）認定申請基準年度の決算書類
　　　㋣　上場会社等及び風俗営業会社のいずれにも該当しない旨の誓約書
　　　㋠　特別子会社・特定特別子会社に関する誓約書
　　　㋷　その他、認定の参考となる書類
　　　㋾　返信用封筒

《注意事項》
　各提出書類の項目については、事業承継税制の特例措置のものが公表されていないため一般措置のものを掲載している。
　ただし、以下の年次報告書（様式第11）は、特例措置用のものを掲載している。

〈年次報告書(一般措置)に関する提出書類(都道府県庁提出用)〉

贈与税	相続税
イ．年次報告書(様式第11)及びその写し ※袋とじをして表と裏に割印を押印。年次報告書内で別紙を添付させる場合は、その「別紙」も一緒に袋とじ。	イ．年次報告書(様式第11)及びその写し ※袋とじをして表と裏に割印を押印。年次報告書内で別紙を添付させる場合は、その「別紙」も一緒に袋とじ。
ロ．定款の写し ※贈与報告基準日において有効である定款の写しに、年次報告日付けで原本証明を行う。	ロ．定款の写し ※相続報告基準日において有効である定款の写しに、年次報告日付で原本証明を行う。
ハ．株主名簿の写し (贈与報告基準日現在のもの)	ハ．株主名簿の写し (相続報告基準日現在のもの)
ニ．履歴事項全部証明書 贈与報告基準日以降に取得した原本	ニ．履歴事項全部証明書 相続報告基準日以降に取得した原本
ホ．従業員数証明書及び必要書類 (贈与報告基準日現在のもの)	ホ．従業員数証明書及び必要書類 (相続報告基準日現在のもの)
ヘ．贈与報告基準事業年度の決算関係書類	ヘ．相続報告基準事業年度の決算関係書類
ト．上場会社等または風俗営業会社のいずれにも該当しない旨の誓約書	ト．上場会社等または風俗営業会社のいずれにも該当しない旨の誓約書
チ．特別子会社・特定特別子会社に関する誓約書	チ．特別子会社・特定特別子会社に関する誓約書
リ．その他、報告の参考となる書類	リ．その他、報告の参考となる書類
ヌ．返信用封筒 (定形外封筒。返信先宛先明記。切手貼付不要)	ヌ．返信用封筒 (定形外封筒。返信先宛先明記。切手貼付不要)

(出典)東京都産業労働局ホームページ　事業承継税制の認定　*一部加工
(http://www.sangyo-rodo.metro.tokyo.jp/chushou/shoko/keiei/jigyoshokeizeisei/)

(様式)

様式第11

年次報告書

年　　月　　日

都道府県知事　殿

郵　便　番　号
会　社　所　在　地
会　　社　　名
電　話　番　号
代表者の氏名　　　　　　　　　印

　中小企業における経営の承継の円滑化に関する法律施行規則第12条第1項又は第3項の規定（当該規定が準用される場合を含む。）により、下記の種別に該当する報告者として別紙の事項を報告します。

記

報告者の種別と申請基準日等について

報告者の種別	□第一種特別贈与認定中小企業者	□第二種特別贈与認定中小企業者
	□第一種特別相続認定中小企業者	□第二種特別相続認定中小企業者
	□第一種特例贈与認定中小企業者	□第二種特例贈与認定中小企業者
	□第一種特例相続認定中小企業者	□第二種特例相続認定中小企業者

報告者に係る認定の認定年月日等	認定年月日及び番号	年　月　日　（　　号）
	認定申請基準日	年　月　日
	報告基準日	年　月　日
	報告基準期間	年　月　日　から　年　月　日
	報告基準事業年度	年　月　日　から　年　月　日

（備考）
① 用紙の大きさは、日本工業規格A4とする。

② 記名押印については、署名をする場合、押印を省略することができる。
③ 本様式における第一種特別贈与（相続）認定中小企業者に係る規定は、第二種特別贈与（相続）認定中小企業者、第一種特例贈与（相続）認定中小企業者又は第二種特例贈与（相続）認定中小企業者について準用する。なお、本様式において「認定中小企業者」、「経営承継受贈者（経営承継相続人）」、「認定贈与株式」、「贈与認定申請基準日（相続認定申請基準日）」「贈与報告基準日（相続報告基準日）」、「贈与報告基準期間（相続報告基準期間）」又は「贈与報告基準事業年度（相続報告基準事業年度）」とある場合は、報告者の種別に合わせて対応する語句に読み替えるものとする。
④ 報告書の写し（別紙1及び別紙2を含む）及び施行規則第12条第2項（第4項）各号に掲げる書類を添付する。
⑤ 報告者が資産保有型会社又は資産運用型会社に該当する場合において、施行規則第6条第2項第1号及び第2号に該当する場合であって、同項第3号イからハまでに掲げるいずれかの業務をしているときには、その旨を証する書類を添付する。
⑥ 贈与報告基準事業年度（相続報告基準事業年度）終了の日において報告者に特別子会社がある場合にあっては特別子会社に該当する旨を証する書類、当該特別子会社が資産保有型子会社又は資産運用型子会社に該当しないとき（施行規則第6条第2項第1号及び第2号に該当する場合であって、同項第3号イからハまでに掲げるいずれかの業務をしているときを含む。）には、その旨を証する書類を添付する。
⑦ 報告者の経営承継受贈者（経営承継相続人）が当該報告者の代表者でない場合（その代表権を制限されている場合を含む。）又は経営承継贈与者が当該報告者の代表者若しくは役員（代表者を除き、当該報告者から給与（債務の免除による利益その他の経済的な利益を含む。）の支給を受けた役員に限る。）となった場合であって、当該経営承継受贈者（経営承継相続人）が施行規則第9条第10項各号のいずれかに該当するに至っていたときには、その旨を証する書類を添付する。

（記載要領）

① 単位が「％」の欄は小数点第1位までの値を記載する。
② 報告者が株式交換等により認定中小企業者たる地位を承継した株式交換完全親会社等である場合にあっては、贈与報告基準日（相続報告基準日）における常時使用する従業員の数」については、認定中小企業者の常時使用する従業員の数に株式交換完全子会社等（承継前に認定中小企業者だったものに限る。）の常時使用する従業員の数を加算した数を記載する。
③ 「各贈与報告基準日（相続報告基準日）における常時使用する従業員の数及び常時使用する従業員の数の5年平均人数」については、過去の年次報告分も含めて各贈与報告基準日（相続報告基準日）における常時使用する従業員の数を記載し、5回目の

年次報告時には、常時使用する従業員数の 5 年平均人数（その数に一人未満の端数があるときは、その端数を切り捨てた数）も記載する。
④ 「贈与報告基準期間（相続報告基準期間）における代表者の氏名」については、贈与報告基準期間（相続報告基準期間）内に代表者の就任又は退任があった場合には、すべての代表者の氏名をその就任又は退任のあった期間ごとに記載する。
⑤ 「贈与報告基準事業年度（相続報告基準事業年度）（　年　月　日から　年　月　日まで）における特定資産等に係る明細表」については、贈与報告基準事業年度（相続報告基準事業年度）に該当する事業年度が複数ある場合には、その事業年度ごとに同様の表を記載する。「特定資産」又は「運用収入」については、該当するものが複数ある場合には同様の欄を追加して記載する。（施行規則第 6 条第 2 項の規定によりそれぞれに該当しないものとみなされた場合には空欄とする。）
⑥ 「損金不算入となる給与」については、法人税法第 34 条及び第 36 条の規定により報告者の各事業年度の所得の金額の計算上損金の額に算入されないこととなる給与（債務の免除による利益その他の経済的な利益を含む。）の額を記載する。（施行規則第 6 条第 2 項の規定によりそれぞれに該当しないものとみなされた場合には空欄とする。）
⑦ 「(*3)を発行している場合にはその保有者」については、申請者が会社法第 108 条第 1 項第 8 号に掲げる事項について定めがある種類の株式を発行している場合に記載し、該当する者が複数ある場合には同様の欄を追加して記載する。
⑧ 「総収入金額（営業外収益及び特別利益を除く。）」については、会社計算規則（平成 18 年法務省令第 13 号）第 88 条第 1 項第 4 号に掲げる営業外収益及び同項第 6 号に掲げる特別利益を除いて記載する。
⑨ 「同族関係者」については、該当する者が複数ある場合には同様の欄を追加して記載する。
⑩ 「特別子会社」については、贈与報告基準期間（相続報告基準期間）中において報告者に特別子会社がある場合に記載する。なお、特別子会社が複数ある場合には、それぞれにつき記載する。「株主又は社員」が複数ある場合には、同様の欄を追加して記載する。

(別紙1)

第 ___ 種 _____ _____ 認定中小企業者に係る報告事項①
(認定年月日： 年 月 日、認定番号：)

1 経営承継受贈者（経営承継相続人）について

贈与報告基準日（相続報告基準日）における総株主等議決権数		(a)		個	
氏名					
住所					
贈与報告基準日（相続報告基準日）における同族関係者との保有議決権数の合計及びその割合			(b)+(c)		個
			((b)+(c))/(a)		%
	贈与報告基準日（相続報告基準日）における保有議決権数及びその割合		(b)		個
			(b)/(a)		%
	適用を受ける租税特別措置法の規定及び当該規定の適用を受ける株式等に係る議決権数(*1) （本認定番号の認定に係る株式等に係る議決権数のみを記載。） □第70条の7　　□第70条の7の5 □第70条の7の2　□第70条の7の6 □第70条の7の4　□第70条の7の8				個
	(*1)のうち贈与報告基準日（相続報告基準日）までに譲渡した数				個
	贈与報告基準日（相続報告基準日）における同族関係者	氏名(会社名)	住所(会社所在地)	保有議決権数及びその割合	
				(c)	個
				(c)/(a)	%

2 贈与者が経営承継受贈者へ認定贈与株式を法第12条第1項の認定に係る贈与をする前に、当該認定贈与株式を法第12条第1項の認定に係る受贈をしている場合に記載すべき事項について

本申請に係る株式等の贈与が該当する贈与の類型	□該当無し □第一種特別贈与認定株式再贈与　□第二種特別贈与認定株式再贈与 □第一種特例贈与認定株式再贈与　□第二種特例贈与認定株式再贈与			
	氏名	認定日	左記認定番号	左記認定を受けた

				株式数
認定中小企業者の認定贈与株式を法第12条第1項の認定に係る受贈をした者に、贈与をした者。（当該贈与をした者が複数ある場合には、贈与した順にすべてを記載する。）				

3　認定中小企業者について

主たる事業内容		
贈与認定申請基準日（相続認定申請基準日）（合併効力発生日等）（株式交換効力発生日等）における資本金の額又は出資の総額		円
贈与報告基準日（相続報告基準日）における資本金の額又は出資の総額		円
	贈与認定申請基準日（相続認定申請基準日）（合併効力発生日等）（株式交換効力発生日等）と比して減少した場合にはその理由	
贈与認定申請基準日（相続認定申請基準日）（合併効力発生日等）（株式交換効力発生日等）における準備金の額		円
贈与報告基準日（相続報告基準日）における準備金の額		円
	贈与認定申請基準日（相続認定申請基準日）（合併効力発生日等）（株式交換効力発生日等）と比して減少した場合にはその理由	
贈与報告基準日（相続報告基準日）における常時使用する従業員の数	(a)+(b)+(c)-(d)	人
	厚生年金保険の被保険者の数	(a)	人
	厚生年金保険の被保険者ではなく健康保険の被保険者である者の数	(b)	人
	厚生年金保険・健康保険のいずれの被保険者でもない従業員の数	(c)	人
	役員（使用人兼務役員を除く。）の数	(d)	人
各贈与報告基準日（相続報告基準日）における常時使	1　回　目　（　年　月　日）	(イ)	人
	2　回　目　（　年　月　日）	(ロ)	人

用する従業員の数及び常時使用する従業員の数の5年平均人数	3 回 目　（　年　月　日）	(ハ)	人
	4 回 目　（　年　月　日）	(ニ)	人
	5 回 目　（　年　月　日）	(ホ)	人
	5 年 平 均 人 数	((イ)+(ロ)+(ハ)+(ニ)+(ホ))/5	人
贈与報告基準期間（相続報告基準期間）における代表者の氏名	年　月　日から　年　月　日まで		
	年　月　日から　年　月　日まで		
	年　月　日から　年　月　日まで		

4　贈与報告基準期間（相続報告基準期間）中における特別子会社について

区分			特定特別子会社に　該当 / 非該当	
会社名				
会社所在地				
主たる事業内容				
総株主等議決権数			(a)	個
株主又は社員	氏名（会社名）	住所（会社所在地）	保有議決権数及びその割合	
			(b)	個
			(b)/(a)	％

(別紙2)

第 __ 種 ____ ____ 認定中小企業者に係る報告事項②
（認定年月日： 年 月 日、認定番号： ）

1 認定中小企業者における特定資産等について

贈与報告基準事業年度（相続報告基準事業年度）（ 年 月 日から 年 月 日まで）における特定資産等に係る明細表					
	種別	内容	利用状況	帳簿価額	運用収入
有価証券	特別子会社の株式又は持分（(*2)を除く。）			(1) 円	(12) 円
	資産保有型子会社又は資産運用型子会社に該当する特別子会社の株式又は持分(*2)			(2) 円	(13) 円
	特別子会社の株式又は持分以外のもの			(3) 円	(14) 円
不動産	現に自ら使用しているもの			(4) 円	(15) 円
	現に自ら使用していないもの			(5) 円	(16) 円
ゴルフ場その他の施設の利用に関する権利	事業の用に供することを目的として有するもの			(6) 円	(17) 円
	事業の用に供することを目的としないで有するもの			(7) 円	(18) 円
絵画、彫刻、工芸品その他の有形の文化的所産である動産、貴金属及び宝石	事業の用に供することを目的として有するもの			(8) 円	(19) 円
	事業の用に供することを目的としないで有するもの			(9) 円	(20) 円
現金、預貯金等	現金及び預貯金その他これらに類する資産			(10) 円	(21) 円
	経営承継受贈者（経営承継相続人）及び当該経営承継			(11)	(22)

	受贈者（経営承継相続人）に係る同族関係者等（施行規則第1条第13項第2号ホに掲げる者をいう。）に対する貸付金及び未収金その他これらに類する資産			円 　　　　円
特定資産の帳簿価額の合計額	(23)=(2)+(3)+(5)+(7)+(9)+(10)+(11) 円	特定資産の運用収入の合計額	(25)=(13)+(14)+(16)+(18)+(20)+(21)+(22) 円	
資産の帳簿価額の総額	(24) 円	総収入金額	(26) 円	
贈与報告基準事業年度（相続報告基準事業年度）終了の日以前の5年間（贈与（相続の開始）の日前の期間を除く。）に経営承継受贈者（経営承継相続人）及び当該経営承継受贈者（経営承継相続人）に係る同族関係者に対して支払われた剰余金の配当等及び損金不算入となる給与の金額		剰余金の配当等	(27) 円	
		損金不算入となる給与	(28) 円	
特定資産の帳簿価額等の合計額が資産の帳簿価額等の総額に対する割合	(29)=((23)+(27)+(28))/((24)+(27)+(28)) ％	特定資産の運用収入の合計額が総収入金額に占める割合	(30)=(25)/(26) ％	
会社法第108条第1項第8号に掲げる事項について定めがある種類の株式(*3)の発行の有無			有□　　無□	
(*3)を発行している場合にはその保有者	氏名（会社名）	住所（会社所在地）		
総収入金額（営業外収益及び特別利益を除く。）			円	

③ 随時報告書
　イ　概要
　　　贈与税及び相続税の納税猶予の特例措置の認定を受けている経営承継受贈者もしくは経営承継相続人が死亡したことによる納税猶予額の免除を受けるにあたり一定の事由に該当しないこととなった場合、又は事業継続期間中に、施行規則第9条第2項及び第3項に規定する認定取消事由（第9条第2項第3号及び第22号並びに第3項第3号の事由を除く。）に該当した場合にする報告。

　ロ　提出期限
　　　死亡の日の翌日から4か月を経過する日まで、又は取消事由に該当した日の翌日から1か月を経過する日まで。
　　（注）税務署への納税猶予税額の免除を受けるためには、死亡の日の翌日から6か月以内に一定の届出書を提出することが必要である。

　ハ　提出先
　　　各都道府県知事

(様式)

様式第 12

随時報告書

年　月　日

都道府県知事　殿

郵 便 番 号
会 社 所 在 地
会　 社 　名
電 話 番 号
代表者の氏名　　　　　　印

　中小企業における経営の承継の円滑化に関する法律施行規則(以下「施行規則」という。)第 12 条第 5 項の表の第 2 号、第 3 号(第 7 項の表の第 2 号、第 3 号)の規定(当該規定が準用される場合を含む。)により、下記の種別に該当する報告者として別紙の事項を報告します。

記

報告者の種別と認定年月日等について

報告者の種別	□第一種特別贈与認定中小企業者	□第二種特別贈与認定中小企業者
	□第一種特別相続認定中小企業者	□第二種特別相続認定中小企業者
	□第一種特例贈与認定中小企業者	□第二種特例贈与認定中小企業者
	□第一種特例相続認定中小企業者	□第二種特例相続認定中小企業者

報告者に係る認定の認定年月日等	認定年月日及び番号	年　月　日　(　　号)
	認定申請基準日	年　月　日
	随時報告基準日	年　月　日
	随時報告基準期間	年　月　日　から　年　月　日
	随時報告基準事業年度	年　月　日　から　年　月　日

(備考)
① 用紙の大きさは、日本工業規格 A4 とする。

② 記名押印については、署名をする場合、押印を省略することができる。
③ 本様式における第一種特別贈与（相続）認定中小企業者に係る規定は、第二種特別贈与（相続）認定中小企業者、第一種特例贈与（相続）認定中小企業者又は第二種特例贈与（相続）認定中小企業者について準用する。なお、本様式において「認定中小企業者」、「経営承継受贈者（経営承継相続人）」、「認定贈与株式（認定相続株式）」、「贈与認定申請基準日（相続認定申請基準日）」、「随時贈与報告基準日（随時相続報告基準日）」、「随時贈与報告基準期間（随時相続報告基準期間）」又は「随時贈与報告基準事業年度（随時相続報告基準事業年度）」とある場合は、報告者の種別に合わせてそれぞれ対応する語句に読み替えるものとする。
④ 報告書の写し（別紙1及び別紙2を含む）及び施行規則第12条第6項（第8項）各号に掲げる書類を添付する。
⑤ 報告者が資産保有型会社又は資産運用型会社に該当する場合において、施行規則第6条第2項第1号及び第2号に該当する場合であって、同項第3号イからハまでに掲げるいずれかの業務をしているときには、その旨を証する書類を添付する。
⑥ 随時贈与報告基準事業年度（随時相続報告基準事業年度）終了の日において報告者に特別子会社がある場合にあっては特別子会社に該当する旨を証する書類、当該特別子会社が資産保有型子会社又は資産運用型子会社に該当しないとき（施行規則第6条第2項第1号及び第2号に該当する場合であって、同項第3号イからハまでに掲げるいずれかの業務をしているときを含む。）には、その旨を証する書類を添付する。
⑦ 報告者の経営承継受贈者（経営承継相続人）が当該報告者の代表者でない場合（その代表権を制限されている場合を含む。）又は経営承継贈与者が当該報告者の代表者若しくは役員（代表者を除き、当該報告者から給与（債務の免除による利益その他の経済的な利益を含む。）の支給を受けた役員に限る。）となった場合であって、当該経営承継受贈者（経営承継相続人）が施行規則第9条第10項各号のいずれかに該当するに至っていたときには、その旨を証する書類を添付する。

（記載要領）
① 単位が「％」の欄は小数点第1位までの値を記載する。
② 報告者が株式交換等により認定中小企業者たる地位を承継した株式交換完全親会社等である場合にあっては、「認定申請基準日における常時使用する従業員の数」については、認定中小企業者の常時使用する従業員の数に株式交換完全子会社等（承継前に認定中小企業者だったものに限る。）の常時使用する従業員の数を加算した数を記載する。
③ 「随時贈与報告基準期間（随時相続報告基準期間）における代表者の氏名」については、随時贈与報告基準期間（随時相続報告基準期間）内に代表者の就任又は退任があった場合には、すべての代表者の氏名をその就任又は退任のあった期間ごとに

記載する。
④ 「随時贈与報告基準事業年度（随時相続報告基準事業年度）（　年　月　日から　年　月　日まで）における特定資産等に係る明細表」については、随時贈与報告基準事業年度（随時相続報告基準事業年度）に該当する事業年度が複数ある場合には、その事業年度ごとに同様の表を記載する。「特定資産」又は「運用収入」については、該当するものが複数ある場合には同様の欄を追加して記載する。（施行規則第6条第2項の規定によりそれぞれに該当しないものとみなされた場合には空欄とする。）
⑤ 「損金不算入となる給与」については、法人税法第34条及び第36条の規定により報告者の各事業年度の所得の金額の計算上損金の額に算入されないこととなる給与（債務の免除による利益その他の経済的な利益を含む。）の額を記載する。（施行規則第6条第2項の規定によりそれぞれに該当しないものとみなされた場合には空欄とする。）
⑥ 「(*3)を発行している場合にはその保有者」については、申請者が会社法第108条第1項第8号に掲げる事項について定めがある種類の株式を発行している場合に記載し、該当する者が複数ある場合には同様の欄を追加して記載する。
⑦ 「総収入金額（営業外収益及び特別利益を除く。）」については、会社計算規則（平成18年法務省令第13号）第88条第1項第4号に掲げる営業外収益及び同項第6号に掲げる特別利益を除いて記載する。
⑧ 「認定申請基準日(*1)における」については経営承継受贈者（経営承継相続人）の死亡の直前における状況を、「認定申請基準日(*1)までに」については経営承継受贈者（経営承継相続人）の死亡の直前までの状況を、それぞれ記載する。
⑨ 「同族関係者」については、該当する者が複数ある場合には同様の欄を追加して記載する。
⑩ 「第9条第10項各号に掲げる事実のうち、今般、経営承継受贈者に生じた号数」及び「第9条第10項各号に該当し、代表者を退任した年月日」並びに「4　施行規則第12条第5項の表の第3号に規定する第一種特別贈与認定株式再贈与（同条第7項の表の第3号に規定する第一種特別相続認定株式贈与）について」は、経営承継受贈者（経営承継相続人）が施行規則第12条第5項の表の第3号に規定する第一種特別贈与認定株式再贈与（同条第7項の表の第3号に規定する第一種特別相続認定株式贈与）を行った場合に記載する。
⑪ 「特別子会社」については、随時贈与報告基準期間（随時相続報告基準期間）中において報告者に特別子会社がある場合に記載する。なお、特別子会社が複数ある場合には、それぞれにつき記載する。「株主又は社員」が複数ある場合には、同様の欄を追加して記載する。

(別紙1)

第 __ 種 ____ ____ 認定中小企業者に係る報告事項①
（認定年月日：　　年　月　日、認定番号：　　　　）

1　経営承継受贈者（経営承継相続人）について

随時贈与報告基準日（随時相続報告基準日）(*1)における総株主等議決権数			(a)	個
氏名				
住所				
随時贈与報告基準日（随時相続報告基準日）(*1)における同族関係者との保有議決権数の合計及びその割合			(b)+(c)	個
			((b)+(c))/(a)	％
随時贈与報告基準日（随時相続報告基準日）(*1)における保有議決権数及びその割合			(b)	個
			(b)/(a)	％
適用を受ける租税特別措置法の規定及び当該規定の適用を受ける株式等に係る議決権数(*2) （本認定番号の認定に係る株式等に係る議決権のみを記載。） 　□第70条の7　　　□第70条の7の5 　□第70条の7の2　□第70条の7の6 　□第70条の7の4　□第70条の7の8				個
(*2)のうち随時贈与報告基準日（随時相続報告基準日）(*1)までに譲渡した数				個
随時贈与報告基準日（随時相続報告基準日）(*1)における同族関係者	氏名(会社名)	住所(会社所在地)	保有議決権数及びその割合	
			(c)	個
			(c)/(a)	％
第9条第10項各号に掲げる事実のうち、今般、経営承継受贈者に生じた号数				
第9条第10項各号に該当し、代表者を退任した年月日				

2　施行規則第12条第5項の表の第3号に規定する第一種特別贈与認定株式再贈与（同条第7項の表の第3号に規定する第一種特別相続認定株式贈与）（当該規定を第二種特別贈与（相続）認定中小企業者、第一種特例贈与（相続）認定中小企業者及び第二種特例贈与（相

続）認定中小企業者について準用する場合を含む）について

当該贈与に係る受贈者の氏名	
当該贈与に係る受贈者の住所	
当該贈与が行われた年月日	
認定贈与株式（認定相続株式）のうち、当該贈与の対象となる株式の数	

3　認定中小企業者について

主たる事業内容		
贈与認定申請基準日（相続認定申請基準日）（合併効力発生日等）(株式交換効力発生日等）における資本金の額又は出資の総額		円
随時贈与報告基準日（随時相続報告基準日）における資本金の額又は出資の総額		円
	贈与認定申請基準日（相続認定申請基準日）（合併効力発生日等）(株式交換効力発生日等）と比して減少した場合にはその理由	
贈与認定申請基準日（相続認定申請基準日）（合併効力発生日等）(株式交換効力発生日等）における準備金の額		円
随時贈与報告基準日（随時相続報告基準日）における準備金の額		円
	贈与認定申請基準日（相続認定申請基準日）（合併効力発生日等）(株式交換効力発生日等）と比して減少した場合にはその理由	
随時贈与報告基準日（随時相続報告基準日）における常時使用する従業員の数		(a)+(b)+(c)-(d)　人
	厚生年金保険の被保険者の数	(a)　人
	厚生年金保険の被保険者ではなく健康保険の被保険者である従業員の数	(b)　人
	厚生年金保険・健康保険のいずれの被保険者でもない従業員の数	(c)　人
	役員（使用人兼務役員を除く。）の数	(d)　人
随時贈与報告基準期間（随時相続報告基準期間）における代表者の氏名	年　月　日から　年　月　日まで	
	年　月　日から　年　月　日まで	
	年　月　日から　年　月　日まで	

3　随時贈与報告基準期間（随時相続報告基準期間）中における特別子会社について

区分			特定特別子会社に 該当 / 非該当		
会社名					
会社所在地					
主たる事業内容					
総株主等議決権数			(a)		個
株主又は社員	氏名（会社名）	住所（会社所在地）	保有議決権数及びその割合		
			(b)		個
			(b)/(a)		％

(別紙2)

第 __ 種 ____ ____ 認定中小企業者に係る報告事項②
(認定年月日： 　年　月　日、認定番号： 　　　　　)

1　認定中小企業者における特定資産等について

随時贈与報告基準事業年度（随時相続報告基準事業年度）（　年　月　日から　年　月　日まで）における特定資産等に係る明細表					
種別		内容	利用状況	帳簿価額	運用収入
有価証券	特別子会社の株式又は持分（(*2)を除く。）			(1) 円	(12) 円
	資産保有型子会社又は資産運用型子会社に該当する特別子会社の株式又は持分(*2)			(2) 円	(13) 円
	特別子会社の株式又は持分以外のもの			(3) 円	(14) 円
不動産	現に自ら使用しているもの			(4) 円	(15) 円
	現に自ら使用していないもの			(5) 円	(16) 円
ゴルフ場その他の施設の利用に関する権利	事業の用に供することを目的として有するもの			(6) 円	(17) 円
	事業の用に供することを目的としないで有するもの			(7) 円	(18) 円
絵画、彫刻、工芸品その他の有形の文化的所産である動産、貴金属及び宝石	事業の用に供することを目的として有するもの			(8) 円	(19) 円
	事業の用に供することを目的としないで有するもの			(9) 円	(20) 円
現金、預貯金等	現金及び預貯金その他これらに類する資産			(10) 円	(21) 円
	経営承継受贈者（経営承継相続人）及び当該経営承継受贈者（経営承継相続人）			(11) 円	(22) 円

	に係る同族関係者等（施行規則第1条第13項第2号ホに掲げる者をいう。）に対する貸付金及び未収金その他これらに類する資産			
特定資産の帳簿価額の合計額	(23)=(2)+(3)+(5)+(7)+(9)+(10)+(11) 円	特定資産の運用収入の合計額		(25)=(13)+(14)+(16)+(18)+(20)+(21)+(22) 円
資産の帳簿価額の総額	(24) 円	総収入金額		(26) 円
随時贈与報告基準事業年度（随時相続報告基準事業年度）終了の日以前の5年間（贈与（相続の開始）の日前の期間を除く。）に経営承継受贈者（経営承継相続人）及び当該経営承継受贈者（経営承継相続人）に係る同族関係者に対して支払われた剰余金の配当等及び損金不算入となる給与の金額		剰余金の配当等		(27) 円
		損金不算入となる給与		(28) 円
特定資産の帳簿価額等の合計額が資産の帳簿価額等の総額に対する割合	(29)=((23)+(27)+(28))/((24)+(27)+(28)) ％	特定資産の運用収入の合計額が総収入金額に占める割合		(30)=(25)/(26) ％
会社法第108条第1項第8号に掲げる事項について定めがある種類の株式(*3)の発行の有無				有□　無□
(*3)を発行している場合にはその保有者	氏名（会社名）		住所（会社所在地）	
総収入金額（営業外収益及び特別利益を除く。）				円

④ 臨時報告書
　イ　概要
　　　後継者が贈与税の納税猶予を受けている期間に経営承継贈与者が死亡した場合にする報告（贈与税の申告期限から5年経過している場合は除く。）。

　ロ　提出期限
　　　相続税の納税猶予への切替えを希望する場合又は、相続税の納税猶予への切替えを希望しない場合でも、贈与税の申告期限から5年以内の場合は、死亡の日の翌日から4か月を経過する日。

　ハ　提出先
　　　各都道府県知事

　ニ　提出書類
　　　臨時報告書（様式15）の添付書類一覧表参照

第2編　申請手続き編　133

臨時報告書（様式第15）の添付書類一覧表

```
添付書類一覧表の見かた
無色・・・必ず添付する書類
黄色・・・いずれかの群を必ず添付する書類
青色・・・該当する場合に限り添付する書類
緑色・・・該当する場合に限り、いずれかの群を添付する書類
根拠条文欄・・・施行規則第12条第12項の号番号を表しています。〈例〉「1」→施行規則第12条第12項第1号
※施行規則第12条第12項（第一種特別贈与の臨時報告）は、同条第16項（第二種特別贈与の臨時報告）、同条第19項（第一種特例贈与の臨時報告）及び同条第28項（第二種特例贈与の臨時報告）に準用。
```

臨時報告書（様式第15）

	添付書類	根拠条文	チェック
		柱書き	
	臨時報告書（様式第15）の写し		
	臨時贈与報告基準日の定款の写し【臨時贈与報告日付けで原本証明】	1	
	贈与認定中小企業者の履歴事項全部証明書【臨時贈与報告基準日以後に作成されたものに限る】	2	
	臨時贈与報告基準日の株主名簿の写し【臨時贈与報告日付けで原本証明】	3	
A群	贈与（相続）報告基準事業年度の決算関係書類（貸借対照表、損益計算書、株主資本等変動計算書、個別注記表、減価償却明細表（固定資産台帳）、勘定科目内訳書、法人税申告書別表4）	5	
	臨時贈与報告基準事業年度の事業報告書	5	
	d 臨時贈与報告基準事業年度末日における特別子会社の株主名簿（持分会社は定款）の写し	8	
	d 臨時贈与報告基準事業年度末日以降の履歴記載のある特別子会社の登記事項証明書	8	
	X群 臨時贈与報告基準事業年度末日の翌日からみて直前の特別子会社の事業年度の特定資産明細表及び決算関係書類	8	
	臨時贈与報告基準事業年度末日の翌日からみて直前の特別子会社の事業年度の事業報告書	8	
	d 臨時贈与報告基準事業年度末日の翌日からみて直前の特別子会社の事業年度末日における特別子会社の特別子会社の株主名簿（持分会社は定款）の写し	8	
	d 臨時贈与報告基準事業年度末日の翌日からみて直前の特別子会社の事業年度末日以降の履歴記載のある特別子会社の特別子会社の登記事項証明書	8	
	e 特別子会社所有の不動産を自ら使用していることを証する書類	8	
	f 特別子会社所有の不動産の一部を自ら使用していることから、当該不動産の帳簿価格を合理的な方法で按分を行ったことを証する書類	8	
	g 特別子会社所有の資産の売却価格を証する書類	8	
	Y群 特別子会社に関する従業員数証明書（表紙）	8	
	特別子会社に関する健康保険・厚生年金保険標準報酬月額決定通知書の写し	8	
	a 特別子会社に関する健康保険・厚生年金保険資格取得通知及び資格喪失通知の写し	8	
	b 特別子会社に関する健康保険・厚生年金保険加入対象外の従業員の雇用契約書及び給与明細書の写し	8	
	c 特別子会社に関する使用人兼務役員であることを証する書類	8	
	臨時贈与報告基準期間中に終了した特別子会社の各事業年度の決算関係書類（法人税申告書別表4を除く）	8	
	臨時贈与報告基準期間中に終了した特別子会社の各事業年度の事業報告書	8	
	特別子会社の従業員が勤務する物件を所有または賃借していることを証する書類	8	
	臨時贈与報告基準期間において特別子会社が業務を行っていることを証する書類	8	
B群	e 贈与認定中小企業者所有の不動産を自ら使用していることを証する書類	8	
	f 贈与認定中小企業者所有の不動産の一部を自ら使用していることから、当該不動産の帳簿価格を合理的な方法で按分を行ったことを証する書類	8	
	g 贈与認定中小企業者所有の資産の売却価格を証する書類	8	
	臨時贈与報告基準期間中に終了した各事業年度の決算関係書類（法人税申告書別表4を除く）	5	
	臨時贈与報告基準期間中に終了した各事業年度の事業報告書	5	
	従業員が勤務する物件を所有または賃借していることを証する書類	8	

臨時贈与報告基準期間中において業務を行っていることを証する書類	8	
臨時贈与報告基準日において従業員が5人以上いることを証する書類	8	
上場会社等または風俗営業会社のいずれにも該当しない旨の誓約書	6	
特別子会社に関する誓約書	7	
その他認定の参考となる書類（　　　　　　　　　　　　　　　　）	8	
確認書交付用の返信用封筒（A4サイズが入る定形外封筒。返信先宛先明記。切手貼付不要）	－	

※A群及びB群については、A群またはB群のいずれかの書類を添付してください
A群：臨時贈与報告基準事業年度の特定資産明細表の判定において資産保有型会社・資産運用型会社のいずれにも該当しないことを証する場合
B群：次に掲げる①または②のいずれかに該当する場合
　①　臨時贈与報告基準事業年度の特定資産明細表の判定において資産保有型会社・資産運用型会社のいずれかまたは両方に該当するが、事業実態要件（施行規則第6条第2項）に適合することを証する場合
　②　資産保有型会社・資産運用型会社に該当するか否かにかかわらず、事業実態要件に適合するため、臨時贈与報告基準事業年度の特定資産明細表の欄（1）から（30）までの記載を省略する場合

a ： 期間中に当該通知書の交付を受けた場合
b ： 臨時贈与報告基準日において該当する者がいる場合
c ： 臨時贈与報告基準日において被保険者の中に使用人兼務役員がいる場合
d ： 特定資産明細表の「有価証券」の項目で「特別子会社の株式又は持分（（*2）を除く）」欄に記入をした場合
e ： 特定資産明細表の「不動産」の項目で「現に自ら使用しているもの」欄に記入をした場合
f ： 特定資産明細表の「不動産」の項目で、1つの物件を「現に自ら使用しているもの」欄と「現に自ら使用していないもの」欄に按分して記入をした場合
g ： 期中に資産の売却があった場合

※X群及びY群については、X群またはY群のいずれかの書類を添付してください
X群：A群の書類を添付すべき時にdに該当した場合であって、当該特別子会社が特定資産明細表の判定において資産保有型会社・資産運用型会社のいずれにも該当しないことを証する場合
Y群：次に掲げる①または②のいずれかに該当する場合
　①　A群の書類を添付すべき時にdに該当した場合であって、当該特別子会社が特定資産明細表の判定において資産保有型会社・資産運用型会社のいずれかまたは両方に該当するが、事業実態要件（施行規則第6条第2項）に適合することを証する場合
　②　A群の書類を添付すべき時にdに該当した場合であって、当該特別子会社が資産保有型会社・資産運用型会社に該当するか否かにかかわらず、事業実態要件に適合することを証する場合

⑤ 切替確認申請書
　イ　概要
　　　後継者が贈与税の納税猶予を受けている期間に経営承継贈与者が死亡した場合で、相続税の納税猶予を希望する場合にする報告。

　ロ　提出期限
　　　死亡の日の翌日から8か月を経過する日。

		贈与税の申告期限から	
		5年以内	5年超
相続税の納税猶予への切替を希望	する	・臨時報告書 ・切替確認申請書	・切替確認申請書
	しない	・臨時報告書	・提出書類なし

　ハ　提出先
　　　各都道府県知事

(様式)

様式第15

施行規則第12条第11項の規定による臨時報告書

年　月　日

都道府県知事　殿

郵 便 番 号
会 社 所 在 地
会　社　名
電 話 番 号
代表者の氏名　　　　　　印

　中小企業における経営の承継の円滑化に関する法律施行規則第12条第11項の規定（当該規定が準用される場合を含む）により、下記の事項を報告します。

記

1　報告者の種別について

報告者の種別	□第一種特別贈与認定中小企業者	□第二種特別贈与認定中小企業者
	□第一種特例贈与認定中小企業者	□第二種特例贈与認定中小企業者
報告者に係る認定年月日等	認定年月日及び番号	年　月　日（　　号）
	贈与認定申請基準日	年　月　日
	臨時贈与報告基準日	年　月　日
	臨時贈与報告基準期間	年　月　日　から　年　月　日
	臨時贈与報告基準事業年度	年　月　日　から　年　月　日

2　経営承継受贈者について

臨時贈与報告基準日(*1)における総株主等議決権数	(a)	個
氏名		
住所		
臨時贈与報告基準日(*1)における同族関係者との保有議決権数の	(b)+(c)	個

合計及びその割合			((b)+(c))/(a)	％
臨時贈与報告基準日(*1)における保有議決権数及びその割合			(b)	個
			(b)/(a)	％
適用を受ける租税特別措置法の規定及び当該規定の適用を受ける株式等に係る議決権数(*2) （本認定番号の認定に係る株式等に係る議決権数のみを記載。） 　　□第70条の7　　□第70条の7の5				個
(*2)のうち臨時贈与報告基準日(*1)までに譲渡した数				個
臨時贈与報告基準日(*1)における同族関係者	氏名(会社名)	住所(会社所在地)	保有議決権数及びその割合	
			(c)	個
			(c)/(a)	％

2　認定中小企業者等について

主たる事業内容			
贈与認定申請基準日(合併効力発生日等)(株式交換効力発生日等)における資本金の額又は出資の総額			円
臨時贈与報告基準日における資本金の額又は出資の総額			円
贈与認定申請基準日(合併効力発生日等)(株式交換効力発生日等)と比して減少した場合にはその理由			
贈与認定申請基準日(合併効力発生日等)(株式交換効力発生日等)における準備金の額			円
臨時贈与報告基準日における準備金の額			円
贈与認定申請基準日(合併効力発生日等)(株式交換効力発生日等)と比して減少した場合にはその理由			
認定に係る贈与の時の常時使用する従業員の数	贈与の時		贈与の時の100分の80の数
	(a)　　　　　　　　　　人		(a)×80/100　　　　　　人
臨時贈与雇用判定期間内に存する贈与報告基準日及当該贈与報告基準日における常時使用する従業員の数並びに常時使用する従業員の数の平均	年　月　日		人
	年　月　日		人
	年　月　日		人
	年　月　日		人
	常時使用する従業員の数の平均		人
臨時贈与報告基準期間	年　月　日から　年　月　日まで		

における代表者の氏名	年　月　日から　年　月　日まで	
	年　月　日から　年　月　日まで	

臨時贈与報告基準事業年度（　年　月　日から　年　月　日まで）における特定資産等に係る明細表

種別		内容	利用状況	帳簿価額	運用収入
有価証券	特別子会社の株式又は持分（(*2)を除く。）			(1)　　円	(12)　　円
	資産保有型子会社又は資産運用型子会社に該当する特別子会社の株式又は持分(*2)			(2)　　円	(13)　　円
	特別子会社の株式又は持分以外のもの			(3)　　円	(14)　　円
不動産	現に自ら使用しているもの			(4)　　円	(15)　　円
	現に自ら使用していないもの			(5)　　円	(16)　　円
ゴルフ場その他の施設の利用に関する権利	事業の用に供することを目的として有するもの			(6)　　円	(17)　　円
	事業の用に供することを目的としないで有するもの			(7)　　円	(18)　　円
絵画、彫刻、工芸品その他の有形の文化的所産である動産、貴金属及び宝石	事業の用に供することを目的として有するもの			(8)　　円	(19)　　円
	事業の用に供することを目的としないで有するもの			(9)　　円	(20)　　円
現金、預貯金等	現金及び預貯金その他これらに類する資産			(10)　　円	(21)　　円
	経営承継受贈者及び当該経営承継受贈者に係る同族関係者等（施行規則第1条第13項第2号ホに掲げる者をいう。）に対する貸付金及び未収金その他これらに類する資産			(11)　　円	(22)　　円

特定資産の帳簿価額の合計額	(23)=(2)+(3)+(5)+(7)+(9)+(10)+(11)　円	特定資産の運用収入の合計額	(25)=(13)+(14)+(16)+(18)+(20)+(21)+(22)　円
資産の帳簿価額の総額	(24)　円	総収入金額	(26)　円
臨時贈与報告基準事業年度終了の日以前の5年間（贈与の日前の期間を除く。）に、経営承継受贈者及び当該経営承継受贈者に係る同族関係者に対して支払われた剰余金の配当等及び損金不算入となる給与の金額		剰余金の配当等	(27)　円
		損金不算入となる給与	(28)　円
特定資産の帳簿価額等の合計額が資産の帳簿価額等の総額に対する割合	(29)=((23)+(27)+(28))/((24)+(27)+(28))　％	特定資産の運用収入の合計額が総収入金額に占める割合	(30)=(25)/(26)　％
会社法第108条第1項第8号に掲げる事項について定めがある種類の株式(*3)の発行の有無			有□　無□
(*3)を発行している場合にはその保有者	氏名（会社名）	住所（会社所在地）	
総収入金額（営業外収益及び特別利益を除く）			円

3　相続の開始の時における特別子会社について

区分			特定特別子会社に　該当 / 非該当
会社名			
会社所在地			
主たる事業内容			
総株主等議決権数		(a)	個
株主又は社員	氏名（会社名）	住所（会社所在地）	保有議決権数及びその割合
			(b)　個
			(b)/(a)　％

(備考)
① 用紙の大きさは、日本工業規格A4とする。
② 記名押印については、署名をする場合、押印を省略することができる。
③ 報告書の写し及び施行規則第12条第12項各号に掲げる書類を添付する。
④ 本様式における第一種特別贈与認定中小企業者に係る規定は、第二種特別贈与認定中小企業者、第一種特例贈与認定中小企業者及び第二種特例贈与認定中小企業者に

ついて準用する。なお、本様式において「認定中小企業者」、「経営承継受贈者」、「経営承継贈与者」、「贈与認定申請基準日」、「臨時贈与報告基準日」、「臨時贈与報告基準期間」又は「臨時贈与報告基準事業年度」とある場合は、報告者の種別に合わせてそれぞれ対応する語句に読み替えるものとする。

⑤ 報告者が資産保有型会社又は資産運用型会社に該当する場合において、第1号及び第2号に該当する場合であって、同項第3号イからハまでに掲げるいずれかの業務をしているときには、その旨を証する書類を添付する。

⑥ 臨時贈与報告基準事業年度終了の日において報告者に特別子会社がある場合にあっては特別子会社に該当する旨を証する書類、当該特別子会社が資産保有型子会社又は資産運用型子会社に該当しないとき（第6条第2項第1号及び第2号に該当する場合であって、同項第3号イからハまでに掲げるいずれかの業務をしているときを含む。）には、その旨を証する書類を添付する。

⑦ 報告者の経営承継受贈者が当該報告者の代表者でない場合（その代表権を制限されている場合を含む。）又は経営承継贈与者が当該報告者の代表者若しくは役員（代表者を除き、当該報告者から給与（債務の免除による利益その他の経済的な利益を含む。）の支給を受けた役員に限る。）となった場合であって、当該経営承継受贈者が施行規則第9条第10項各号のいずれかに該当するに至っていたときには、その旨を証する書類を添付する。

（記載要領）

① 報告者が株式交換等により第一種特別贈与認定中小企業者たる地位を承継した株式交換完全親会社等である場合にあっては、「臨時贈与報告基準日における常時使用する従業員の数」については、第一種特別贈与認定中小企業者の常時使用する従業員の数に株式交換完全子会社等（承継前に第一種特別贈与認定中小企業者だったものに限る。）の常時使用する従業員の数を加算した数を記載する。

② 単位が「％」の欄は小数点第1位までの値を記載する。

③ 「認定に係る贈与の時の常時使用する従業員の数」の贈与の時の100分の80の数は、その数に一人未満の端数があるときは、その端数を切り捨てた数とする。

④ 「臨時贈与雇用判定期間内に存する贈与報告基準日及び当該贈与報告基準日における常時使用する従業員の数及び常時使用する従業員の数の平均」については、臨時贈与雇用判定期間（認定に係る贈与税申告期限の翌日から経営承継贈与者の死亡の日の前日までの期間）内に存する贈与報告基準日及び当該基準日における常時使用する従業員の数及びそれぞれの贈与報告基準日における常時使用する従業員の数を当該基準日の数で除して計算した数（その数に一人未満の端数があるときは、その端数を切り捨てた数とする。）を記載する。

⑤ 「臨時贈与報告基準期間における代表者の氏名」については、臨時贈与報告基準期

間内に代表者の就任又は退任があった場合には、すべての代表者の氏名をその就任又は退任のあった期間ごとに記載する。
⑥ 「臨時贈与報告基準事業年度（　年　月　日から　年　月　日まで）における特定資産等に係る明細表」については、臨時贈与報告基準事業年度に該当する事業年度が複数ある場合には、その事業年度ごとに同様の表を記載する。「特定資産」又は「運用収入」については、該当するものが複数ある場合には同様の欄を追加して記載する。（の規定によりそれぞれに該当しないものとみなされた場合には空欄とする。）
⑦ 「損金不算入となる給与」については、法人税法第 34 条及び第 36 条の規定により報告者の各事業年度の所得の金額の計算上損金の額に算入されないこととなる給与（債務の免除による利益その他の経済的な利益を含む。）の額を記載する。（の規定によりそれぞれに該当しないものとみなされた場合には空欄とする。）
⑧ 「(*3)を発行している場合にはその保有者」については、申請者が会社法第 108 条第 1 項第 8 号に掲げる事項について定めがある種類の株式を発行している場合に記載し、該当する者が複数ある場合には同様の欄を追加して記載する。
⑨ 「総収入金額（営業外収益及び特別利益を除く）」については、会社計算規則（平成 18 年法務省令第 13 号）第 88 条第 1 項第 4 号に掲げる営業外収益及び同項第 6 号に掲げる特別利益を除いて記載する。「臨時贈与報告基準日(*1)における」については経営承継贈与者の相続の開始の直前における状況を、「臨時贈与報告基準日(*1)までに」については経営承継贈与者の相続の開始の直前までの状況を、それぞれ記載する。
⑩ 「同族関係者」については、該当する者が複数ある場合には同様の欄を追加して記載する。
⑪ 「特別子会社」については、臨時贈与報告基準期間中において報告者に特別子会社がある場合に記載する。なお、特別子会社が複数ある場合には、それぞれにつき記載する。「株主又は社員」が複数ある場合には、同様の欄を追加して記載する。

(様式)

様式第17

施行規則第13条第2項の規定による確認申請書

年　月　日

都道府県知事　殿

郵 便 番 号
会 社 所 在 地
会　社　名
電 話 番 号
代表者の氏名　　　　　　印

　中小企業における経営の承継の円滑化に関する法律施行規則第13条第1項（当該規定が準用される場合を含む。）の規定により、以下の確認を受けたいので、下記のとおり申請します。

記

1　申請者の種別について

申請者の種別	□第一種特別贈与認定中小企業者	□第二種特別贈与認定中小企業者
	□第一種特例贈与認定中小企業者	□第二種特例贈与認定中小企業者
認定年月日及び番号		年　月　日（　　号）

2　経営承継受贈者について

経営承継贈与者の相続の開始の時における総株主等議決権数	(a)　　　　　　　　　　　　個
氏名	
住所	
経営承継贈与者の相続の開始の直前における経営承継贈与者との関係	□直系卑属 □直系卑属以外の親族

			☐親族外	
経営承継贈与者の相続の開始の時における同族関係者との保有議決権数の合計及びその割合			(b)+(c)	個
			((b)+(c))/(a)	％
経営承継贈与者の相続の開始の時における保有議決権数及びその割合			(b)	個
			(b)/(a)	％
経営承継贈与者の相続の開始の日における同族関係者	氏名(会社名)	住所(会社所在地)	保有議決権数及びその割合	
			(c)	個
			(c)/(a)	％

3　認定中小企業者について

主たる事業内容		
資本金の額又は出資の総額		円
経営承継贈与者（当該認定中小企業者の認定贈与株式を法第12条第1項の認定に係る贈与をした経営承継受贈者のうち最も古い時期に当該認定中小企業者の認定贈与株式を法第12条第1項の認定に係る受贈をした者に、贈与をした者。以下同じ。）の相続の開始の日		年　　月　　日
経営承継贈与者の相続の開始の時における常時使用する従業員の数		(a)+(b)+(c)-(d) 人
	厚生年金保険の被保険者の数	(a) 人
	厚生年金保険の被保険者ではなく健康保険の被保険者である者の数	(b) 人
	厚生年金保険・健康保険のいずれの被保険者でもない従業員の数	(c) 人
	役員（使用人兼務役員を除く。）の数	(d) 人

経営承継贈与者の相続の開始の日の翌日の属する事業年度の直前の事業年度（　年　月　日から　年　月　日まで）における特定資産等に係る明細表

種別		内容	利用状況	帳簿価額	運用収入
有価証券	特別子会社の株式又は持分（(*2)を除く。）			(1) 円	(12) 円
	資産保有型子会社又は資産運用型子会社に該当する特別子会			(2) 円	(13) 円

	社の株式又は持分(*2)				
	特別子会社の株式又は持分以外のもの			(3) 円	(14) 円
不動産	現に自ら使用しているもの			(4) 円	(15) 円
	現に自ら使用していないもの			(5) 円	(16) 円
ゴルフ場その他の施設の利用に関する権利	事業の用に供することを目的として有するもの			(6) 円	(17) 円
	事業の用に供することを目的としないで有するもの			(7) 円	(18) 円
絵画、彫刻、工芸品その他の有形の文化的所産である動産、貴金属及び宝石	事業の用に供することを目的として有するもの			(8) 円	(19) 円
	事業の用に供することを目的としないで有するもの			(9) 円	(20) 円
現金、預貯金等	現金及び預貯金その他これらに類する資産			(10) 円	(21) 円
	経営承継受贈者及び当該経営承継受贈者に係る同族関係者等（施行規則第1条第13項第2号ホに掲げる者をいう。）に対する貸付金及び未収金その他これらに類する資産			(11) 円	(22) 円
特定資産の帳簿価額の合計額	(23)=(2)+(3)+(5)+(7)+(9)+(10)+(11) 円		特定資産の運用収入の合計額	(28)=(13)+(14)+(16)+(18)+(20)+(21)+(22) 円	

資産の帳簿価額の総額	(24)　　　　　円	総収入金額	(29)　　　　　円
経営承継贈与者の相続の開始の日の翌日の属する事業年度の直前の事業年度終了の日以前の5年間（贈与の日前の期間を除く。）に経営承継受贈者及び当該経営承継受贈者に係る同族関係者に対して支払われた剰余金の配当等及び損金不算入となる給与の金額		剰余金の配当等	(25)　　　　　円
		損金不算入となる給与	(26)　　　　　円
特定資産の帳簿価額等の合計額が資産の帳簿価額等の総額に対する割合	(27)=((23)+(25)+(26))/((24)+(25)+(26))　　　　％	特定資産の運用収入の合計額が総収入金額に占める割合	(30)=(28)/(29)　　　　％
会社法第108条第1項第8号に掲げる事項について定めがある種類の株式(*3)の発行の有無			有□　　無□
(*3)を発行している場合にはその保有者	氏名（会社名）	住所（会社所在地）	
総収入金額（営業外収益及び特別利益を除く。）			円

4　相続の開始の時における特別子会社について

区分			特定特別子会社に　該当 / 非該当	
会社名				
会社所在地				
主たる事業内容				
総株主等議決権数			(a)　　　　　個	
株主又は社員	氏名（会社名）	住所（会社所在地）	保有議決権数及びその割合	
			(b)　　　　　個	
			(b)/(a)　　　　％	

（備考）
① 用紙の大きさは、日本工業規格A4とする。
② 記名押印については、署名をする場合、押印を省略することができる。
③ 本様式における第一種特別贈与認定中小企業者に係る規定は、第二種特別贈与認定中小企業者、第一種特例贈与認定中小企業者及び第二種特例贈与認定中小企業者について準用する。なお、本様式において「認定中小企業者」、「経営承継受贈者」、「経営承継贈与者」又は「認定贈与株式」とある場合は、報告者の種別に合わせてそれぞれ対応する語句に読み替えるものとする。
④ 報告書の写し及び施行規則第13条第2項各号に掲げる書類を添付する。

⑤ 報告者が資産保有型会社又は資産運用型会社に該当する場合において、施行規則第6条第2項第1号及び第2号に該当する場合であって、同項第3号イからハまでに掲げるいずれかの業務をしているときには、その旨を証する書類を添付する。
⑥ 経営承継贈与者（当該経営承継贈与者が当該第一種特別贈与認定中小企業者の経営承継受贈者へ認定贈与株式を法第12条第1項の認定に係る贈与をする前に、当該第一種特別贈与認定中小企業者の認定贈与株式を法第12条第1項の認定に係る受贈をしている場合にあっては、当該第一種特別贈与認定中小企業者の認定贈与株式を法第12条第1項の認定に係る贈与をした経営承継受贈者のうち最も古い時期に当該第一種特別贈与認定中小企業者の認定贈与株式を法第12条第1項の認定に係る受贈をした者に、贈与をした者。）の相続の開始の日の翌日の属する事業年度の直前の事業年度終了の日において報告者に特別子会社がある場合にあっては特別子会社に該当する旨を証する書類、当該特別子会社が資産保有型会社又は資産運用型子会社に該当しないとき（施行規則第6条第2項第1号及び第2号に該当する場合であって、同項第3号イからハまでに掲げるいずれかの業務をしているときを含む。）には、その旨を証する書類を添付する。

（記載要領）
① 単位が「％」の欄は小数点第1位までの値を記載する。
② 「特定資産等」又は「運用収入」については、該当するものが複数ある場合には同様の欄を追加して記載する。（施行規則第6条第2項の規定によりそれぞれに該当しないものとみなされた場合には空欄とする。）
③ 「損金不算入となる給与」については、法人税法第34条及び第36条の規定により申請者の各事業年度の所得の金額の計算上損金の額に算入されないこととなる給与（債務の免除による利益その他の経済的な利益を含む。）の額を記載する。（施行規則第6条第2項の規定によりそれぞれに該当しないものとみなされた場合には空欄とする。）
④ 「同族関係者」については、該当する者が複数ある場合には同様の欄を追加して記載する。
⑤ 「(*3)を発行している場合にはその保有者」については、申請者が会社法第108条第1項第8号に掲げる事項について定めがある種類の株式を発行している場合に記載し、該当する者が複数ある場合には同様の欄を追加して記載する。
⑥ 「総収入金額（営業外収益及び特別利益を除く。）」については、会社計算規則（平成18年法務省令第13号）第88条第1項第4号に掲げる営業外収益及び同項第6号に掲げる特別利益を除いて記載する。
⑦ 「特別子会社」については、相続の開始の時において申請者に特別子会社がある場合に記載する。なお、特別子会社が複数ある場合には、それぞれにつき記載する。「株主又は社員」が複数ある場合には、同様の欄を追加して記載する。

第3編
事業承継税制における留意点

第3編　事業承継税制における留意点

1．遺留分に関する民法の特例

(1) 概要
　推定相続人が複数存在する場合において、当該推定相続人のうちに後継者を事前に定め、当該後継者に自社株式を集中して承継させようとしても、遺留分を侵害された相続人から遺留分に相当する財産の返還を求められた結果、自社株式が各相続人に分散することとなり、円滑な事業承継に影響を及ぼすことが考えられる。
　このような遺留分の問題に対処するため、推定相続人の全員の合意により、遺留分に関する民法の特例が規定されている。

(2) 特例合意の内容
① 除外合意
　後継者が贈与等によって取得した株式等を遺留分算定基礎財産から除外することができる。
　⇒　後継者が取得した自社株式について、他の相続人は遺留分の主張が出来なくなるため、相続に伴う自社株式分散の防止に役立つ。

② 固定合意
　後継者が贈与等によって取得した株式等の評価額（注）を合意時の時点で固定することができる。
　⇒　後継者が取得した自社株式について、その価額が上昇しても遺留分の額に影響しないことから、後継者が相続時に想定外の遺留分の主張を

受けることを事前に防止することができる。
(注) 固定する合意時の時価は、合意の時における相当な価額である旨の、税理士・公認会計士・弁護士等の証明が必要である。

③ 除外合意と固定合意の併用
　①の除外合意と②の固定合意の2つの規定を組み合わせて適用することも可能である。

④ 付随合意
　旧代表者の推定相続人及び後継者が、除外合意又は固定合意を行う場合には、併せて、次の合意をすることができる。
　イ　後継者が取得した株式等以外の財産に関する遺留分の算定に係る合意
　　後継者が特例中小企業者の株式等以外の財産、例えば、事業の用に供している不動産や現金などを旧代表者からの贈与等により取得している場合に、当該財産についても遺留分算定基礎財産に算入しないこととすることができる（当該財産の種類や金額に制限はない。）。
　ロ　後継者以外の推定相続人が取得した財産に関する遺留分の算定に係る合意
　　旧代表者の推定相続人及び後継者が、除外合意又は固定合意を行う場合には、後継者以外の推定相続人が当該旧代表者からの贈与又は当該特定受贈者からの相続、遺贈若しくは贈与により取得した財産の全部又は一部について、その価額を遺留分算定基礎財産に算入しないこととすることができる（当該財産の種類や金額に制限はない。）。

(3) 手続き

① 推定相続人全員及び後継者の合意

遺留分に関する民法特例の適用を受けるためには、旧代表者の推定相続人の全員（但し、遺留分を有する者に限る）及び後継者で合意をし、当該合意について合意書を作成することが必要となる。

＜合意書の主な記載事項＞

イ 目的
本件の合意が経営の承継の円滑化を図ることを目的とするものであること

ロ 確認事項
旧代表者、推定相続人、後継者等の事項の確認

ハ 合意事項（除外合意、固定合意）
後継者が旧代表者から贈与等により取得した自社株式について、遺留分の計算から除外する旨（除外合意）、又は遺留分の計算に算入すべき価額を固定する旨（固定合意）

ニ 後継者以外の推定相続人がとることができる措置
後継者が合意の対象とした株式等を処分する行為をした場合、又は後継者が代表者でなくなった場合等に、後継者以外の者がとれる措置

ホ 株式等以外の財産に関する合意
合意対象となった株式等以外に後継者が取得した財産についての合意をする場合の、当該合意

ヘ 衡平を図るための措置
必要に応じた、推定相続人間の衡平を図るための措置

② 経済産業大臣の確認

後継者は、①の合意をした日から1か月以内に「遺留分に関する民法の特例に係る確認申請書」に必要書類を添付して経済産業大臣に申請を行う必要

がある。

＜主な作成書類＞
　イ　確認申請書
　ロ　確認証明申請書（注）
　ハ　①の合意書
　（注）確認証明書は家庭裁判所の許可申立の際の添付書類として必要

＜確認申請書＞

様式第1

遺留分に関する民法の特例に係る確認申請書

年　月　日

経済産業大臣名　殿

郵便番号
住　　所
氏　　名　　　　　　　　　　　印
電話番号

　中小企業における経営の承継の円滑化に関する法律第7条第1項の確認を受けたいので、別紙その他の必要書類を添えて申請します。

（備考）
1　用紙の大きさは、日本工業規格A4とする。
2　記名押印については、署名をする場合、押印を省略することができる。
3　法第7条第2項に掲げる書類各1通並びに申請書（別紙を含む。）の写し及び法第7条第2項第1号の書面の写し各2通を添付する。

第3編　事業承継税制における留意点　153

＜確認申請書別紙＞

(別紙)

特例中小企業者	会社所在地			
	会社名			
	代表者の氏名			
	設立日			
	資本金の額又は出資の総額（＊）			円
	株式上場又は店頭登録の有無（＊）	ア　株式を上場又は店頭登録している。 イ　株式を上場又は店頭登録していない。		
	主たる事業内容（＊）			
	総株主又は総社員の議決権の数（＊）	個	常時使用する従業員の数（＊）	人
旧代表者	住所			
	氏名			
	代表権の有無（＊）	あり　／　なし　（退任日　　年　月　日）		
後継者	住所			
	氏名			
	電話番号			
	保有議決権数及び割合（＊）	個　（　　　　　％）		
	合意の対象とした株式等を除いた保有議決権数及び割合（＊）	個　（　　　　　％）		
	旧代表者との続柄			
後継者以外の推定相続人	目録記載のとおり。			
合意の内容	合意日			
	合意の対象とした株式等を後継者に贈与した年月日又は期間	～		
	チェック欄	合意をした事項		添付書類
		合意が特例中小企業者の経営の承継の円滑化を図るためにされたものであること。		
		法第4条第1項第1号の規定による合意	左記合意の対象とした株式等に係る議決権の数	個
		法第4条第1項第2号の規定による合意	左記合意の対象とした株式等に係る議決権の数及び価額	個 円
		法第4条第3項の規定による合意		
		法第5条の規定による合意		
		法第6条の規定による合意		

(記載要領)
1　（＊）の事項については、合意をした日における状況を記載すること。
2　「合意の内容」欄については、合意をした事項の「チェック欄」に〇印を記載し、「添付書類」欄には当該事項を確認できる書類及び該当箇所（例：合意書第●条）を記載すること。

後継者以外の推定相続人目録

住　　　　　所	
氏　　　　　名	
電　話　番　号	旧代表者との続柄

住　　　　　所	
氏　　　　　名	
電　話　番　号	旧代表者との続柄

住　　　　　所	
氏　　　　　名	
電　話　番　号	旧代表者との続柄

住　　　　　所	
氏　　　　　名	
電　話　番　号	旧代表者との続柄

住　　　　　所	
氏　　　　　名	
電　話　番　号	旧代表者との続柄

＜確認証明申請書＞

様式第4

遺留分に関する民法の特例に係る確認証明申請書

年　月　日

経済産業大臣名　殿

郵便番号
住　　所
氏　　名　　　　　印
電話番号

　中小企業における経営の承継の円滑化に関する法律第7条第1項の確認をしたことについて、下記のとおり証明書の交付を申請します。

記

1　合意の年月日
2　確認を申請した者の住所及び氏名
3　特例中小企業者の会社所在地及び会社名
4　確認の年月日及び番号
5　請求通数

（備考）
　1　用紙の大きさは、日本工業規格A4とする。
　2　記名押印については、署名をする場合、押印を省略することができる。
　3　法第7条第2項の申請書（別紙を含む。）の写し及び同項第1号の書面の写し各請求通数分を添付する。

（記載要領）
　1　確認を申請した者の住所及び氏名並びに特例中小企業者の会社所在地及び会社名は、合意日におけるものを記載する。
　2　「確認の年月日及び番号」については、不明であれば、空欄とする。

③ 家庭裁判所の許可

　経済産業大臣の「遺留分に関する民法の特例に係る確認証明書」の交付を受けた後継者は、確認を受けた日から1か月以内に家庭裁判所に「申立書」に必要書類を添付して申立てをし、家庭裁判所の許可を受ける必要がある。

第3編　事業承継税制における留意点　157

	受付印	家事審判申立書　事件名（　　　　　　　　　　　）
		（この欄に申立手数料として1件について800円分の収入印紙を貼ってください。）
収入印紙　　　　円 予納郵便切手　　円 予納収入印紙　　円		（貼った印紙に押印しないでください。） （注意）登記手数料としての収入印紙を納付する場合は、登記手数料としての収入印紙は貼らずにそのまま提出してください。

| 準口頭 | 関連事件番号　平成　　年（家　　）第　　　　　　　　　号 |

| 　　　家庭裁判所
　　　　　　御中
平成　　年　　月　　日 | 申　立　人
（又は法定代理人など）
の記名押印 | 印 |

| 添付書類 | （審理のために必要な場合は、追加書類の提出をお願いすることがあります。） |

	申 立 人	本　籍 （国　籍）	（戸籍の添付が必要とされていない申立ての場合は、記入する必要はありません。） 　　　　都　道 　　　　府　県	
		住　所	〒　　-　　　　　　　　　　電話　　（　　　） 　　　　　　　　　　　　　　　　　（　　　　　方）	
		連絡先	〒　　-　　　　　　　　　　電話　　（　　　） 　　　　　　　　　　　　　　　　　（　　　　　方）	
		フリガナ 氏　名		大正 昭和　　年　　月　　日生 平成 　　（　　　歳）
		職　業		
※		本　籍 （国　籍）	（戸籍の添付が必要とされていない申立ての場合は、記入する必要はありません。） 　　　　都　道 　　　　府　県	
		住　所	〒　　-　　　　　　　　　　電話　　（　　　） 　　　　　　　　　　　　　　　　　（　　　　　方）	
		連絡先	〒　　-　　　　　　　　　　電話　　（　　　） 　　　　　　　　　　　　　　　　　（　　　　　方）	
		フリガナ 氏　名		大正 昭和　　年　　月　　日生 平成 　　（　　　歳）
		職　業		

（注）　太枠の中だけ記入してください。
　　　※の部分は、申立人、法定代理人、成年被後見人となるべき者、不在者、共同相続人、被相続人等の区別を
　　　記入してください。

別表第一（1/　）

(942210)

申　立　て　の　趣　旨

申　立　て　の　理　由

別表第一（　/　）

2．事業承継税制を適用する上での留意点

(1) 事業承継税制を適用する際の留意点
本制度（特例措置）を適用するには、以下のような点に注意が必要である。
① 本制度の適用を受けることができる会社に該当するのかどうか、先代経営者の要件、後継者の要件など本制度の適用対象となる贈与又は相続に該当するのかの確認が必要である。
② 平成35年3月31日までに、都道府県知事に特例承継計画を提出し、確認を受けなければならない。
③ 特例後継者として特例承継計画に記載されていない者は、円滑化法の特例の認定を受けることはできない。
④ 平成39年12月31日までに先代経営者から特例後継者に対して1回は贈与又は相続を実施しなければならない。
⑤ 特例後継者が事業承継税制の適用を受けた後は、当該特例後継者を変更することはできない。
   ただし、特例後継者を2人又は3人記載した場合であって、まだ株式等の贈与・相続を受けていない者がいる場合は、当該特例後継者に限って変更することが可能である。
⑥ 特例後継者に対しては最低限贈与しなければならない株式数※が定められているので注意が必要である。
   ※　贈与しなければならない株式数
   イ　その贈与により株式等を取得する者が1人の場合
   ● 当該贈与の直前において、特例贈与者と特例後継者の保有議決権数の合計した数がその会社の総議決権数の2/3以上である場合には、贈与後の特例後継者の議決権数が2/3以上となるように贈与すること。
   ● その贈与の直前において、贈与者と後継者の保有議決権数の合計した数がその会社の総議決権数の2/3未満である場合には、特

例贈与者が保有する議決権株式等のすべてを贈与すること。
　　　ロ　その贈与により株式等を取得する者が2人又は3人の場合
　　　　贈与後に、それぞれの特例後継者の議決権数が10％以上であり、かつ、特例贈与者よりも多くの議決権数を有するように贈与すること。なお、特例贈与者と特例後継者が同率である場合には、要件を満たさないこととなる。
⑦　本制度の適用を受けた場合には、都道府県知事と税務署長に対して各種届出書を継続して提出する義務があるので注意が必要である。
⑧　後継者が相続人ではない場合や相続人が複数いる場合には、この制度を適用しない相続人との間でもめないように実施しなければならない。

(2)　事業承継税制が有効な会社

事業承継税制を適用することが有効な会社としては、以下のようなものがある。
- 好業績の会社（純資産が多く株価が高い会社）
- 今後も株価が上昇する見込みのある会社
- 老舗の事業を行っている会社
- 従業員が一定数勤務しており、入れ替わりが少ない会社
- 後継者が確定しており、その引継ぎが可能な会社
- 現経営者の相続となる財産の中で自己株の占める割合が大きく納税資金が不足している場合
- 相続人同士の人間関係が良好な場合

上記の項目のうちいずれかを満たせば検討することが可能となるが、必ずしもやらなければならないわけではなく、先代経営者や後継者を含めた相続人同士が納得をした上で実施することとなる。

3．経営革新等支援機関の認定申請

(1) 認定申請手続き

　近年、中小企業を巡る経営課題が多様化・複雑化する中、中小企業支援の担い手の多様化・活性化を図るため、中小企業に対して専門性の高い支援事業を行う「経営革新等支援機関」を認定する制度が平成24年8月に創設された。本制度は、税務、金融及び企業財務に関する専門的知識や中小企業支援に係る実務経験が一定レベル以上の個人、法人、中小企業支援機関等を「経営革新等支援機関」として認定することにより、中小企業に対して専門性の高い支援を行うための体制を整備するものとされている。

① 申請様式及び提出先

　認定申請書は、指定様式に必要事項を記載して提出する必要がある。申請先については、管轄の財務局長、経済産業局長に対して行うこととなる。また、開業以後3期に満たない個人及び法人、個人で赤字がある場合については、別途指定様式の申請書を提出する必要がある。

　申請を行うにあたり、税理士、税理士法人等の記載例が経済産業省の関東経済産業局のホームページに掲載されているので、参考にして頂きたい。

② 添付資料
　イ　個人で申請する場合
　　㋑　決算書類等（青色申告決算書、確定申告書第1表、確定申告書第2表）
　　㋺　税理士証票の写し又は登録事項証明書
　ロ　法人で申請する場合
　　㋑　決算書類「貸借対照表、損益計算書」及び申請時点での役員構成及び支援業務の所在地が確認できる登記簿謄本等
　　㋺　日本税理士会連合会で発行している登載事項証明書

③ 関係資料

　金融機関の場合には、事務所の所在地等登録シートを提出する必要があり、金融機関以外の場合、認定支援機関公表事項登録シートの提出をする必要がある。なお、上記登録シートについては、記載内容がそのままホームページの認定支援機関一覧で公表される資料となる。

(2) 記載事項及び注意事項

《認定申請書》

① 「住所」について

　主たる事務所の所在地を記載する。

② 「氏名」について

　イ　代表権を持つ者を記載する。
　ロ　旧姓を使用している場合は旧姓で記載する（この場合、日本税理士会連合会発行の旧姓使用に関する通知書を添付する。）。
　ハ　押印欄には実印を押印するが、印鑑証明は不要である。

③ 「1．事務所の所在地」について

　イ　支援業務を行う所在地を全て記載する。
　ロ　支援業務を行う所在地は登記されている必要がある。
　ハ　記載された住所、電話番号、ＦＡＸ番号、メールアドレスはＨＰで公表される。記載されたメールアドレス宛にはメールマガジンが配信される事となる。

④ 「2．経営革新等支援業務に関する事項 二（1）」について

　統括責任者と統括補佐は有資格者（税理士・公認会計士・弁護士）のみであり、担当主任は、資格を問わない。

⑤ 「2．経営革新等支援業務に関する事項 ニ（2）1」について
　イ　旧姓を使用している場合、戸籍上の氏名を（）で記載する。
　ロ　定款に記載された役員全員を記載する。
　ハ　フリガナを忘れずに記載する。
　ニ　住所には、自宅の住所を記載する。

⑥ 「2．経営革新等支援業務に関する事項 ニ（2）2」について
　実施体制には、取扱いが可能な相談内容を記載することになるが、概ね以下の項目から選択して記載を行う。

> 創業等支援、事業計画作成支援、経営改善、事業承継、M＆A、事業再生、生産管理・品質管理、情報化戦略、知財戦略、販路開拓・マーケティング、マッチング、産学官等連携、人材育成、人事・労務、海外展開等、ＢＣＰ作成支援、物流戦略、金融・財務

⑦ 「2．経営革新等支援業務に関する事項 ニ（2）3」について
　基本方針へ適合するためにどのような活動・連携等を行うかを記載する。

⑧ 「2．経営革新等支援業務に関する事項 ニ（2）4」について
　イ　決算書（B/S、P/L）の写しを3期分添付する必要がある。
　ロ　過去3期で赤字がある場合は、欄外にその理由を記載し、本表の続きに、赤字がある期分の収支予測及びその根拠を記載する。法人設立初年が赤字である場合は、収支予測の記載は不要となる。
　ハ　法人設立以後3期に満たない場合は、以後3期の収支見込みを記載するとともに当該数値の根拠を記載する必要がある。

<u>《専門的知識を有する証明書》</u>
⑨ 「1.専門的な知識を有していることを証する資格又は免許等　資格又は免許等を有している者の氏名」について

旧姓を使用している場合は旧姓で記載する必要がある。
⑩ 「2．経営革新計画等の策定を行う際に、主たる支援者として関与した計画」について
この表は記載不要である。

《実務経験証明書（経営革新等支援業務に係る2年以上の実務経験）》
⑪ 「証明者」について
　イ　法人の代表者が、統括責任者等のキャリアを証明する。
　ロ　押印欄には実印を押印するが、印鑑証明は不要である。
　ハ　代表者が旧姓を使用している場合は、旧姓で記載する。
⑫ 「実務者の氏名」について
　統括責任者、担当補佐のどちらも記載されている必要がある。
⑬ 「実務経験の内容」について
　税理士業務に付随して行う財務書類の作成等、又は中小企業等の経営状況の分析、事業計画の策定支援・実行支援、経営革新計画等の策定支援といった内容を記載する。
⑭ 「実務経験年数」について
　イ　「実務者の氏名」に複数名を挙げる場合、合算で1年以上あればよいとされている。不足する場合は独立行政法人中小企業基盤整備機構（中小企業大学校）にて指定された研修を受講し、試験に合格した旨の証明書の写しを添付することになる。
　ロ　中小企業大学校の「実践研修」を修了した場合は、「実務経験の内容」欄に「別添の通り指定された研修（実践研修）に合格。」と記載する。
　ハ　実務経験証明書とは異なる為、両方提出の必要がある

《実務経験証明書（中小企業に対する支援に係る3年以上の実務経験）》
⑮ 「証明者について」
　イ　法人の代表者が、統括責任者等のキャリアを証明する。

ロ　押印欄には実印を押印するが、印鑑証明は不要である。
　　ハ　代表者が旧姓を使用している場合は、旧姓で記載する。
⑯　「実務者の氏名」について
　　統括責任者、担当補佐のどちらも記載されている必要がある。
⑰　「実務経験年数」について
　　イ　「実務者の氏名」に複数名を挙げる場合、合算で3年以上あればよいとされている。不足する場合は独立行政法人中小企業基盤整備機構（中小企業大学校）にて指定された研修を受講し、試験に合格した旨の証明書の写しを添付することになる。
　　ロ　中小企業大学校の「実践研修」を修了した場合は、「実務経験の内容」欄に「別添の通り指定された研修（実践研修）に合格。」と記載する。
　　ハ　実務経験証明書とは異なる為、両方提出の必要がある。

《誓約書》
⑱　「住所について」
　　主たる事務所の所在地を記載する。
⑲　「氏名」について
　　イ　押印欄には実印を押印するが、印鑑証明は不要である。
　　ロ　代表者が旧姓の場合は、旧姓で記載する。

〔税理士法人が申請する場合の記載例〕
　税理士法人が認定申請書を提出するにあたり、必要事項を記載した認定申請書及び認定支援機関登録シートについては、次ページ以降の具体例に従って記載する。

(記載例)

様式第1（第2条第2項及び第6条第1項関係）

平成xx年x月x日

○○財務局長　　　○○　○○　殿
○○経済産業局長　○○　○○　殿

住所　東京都中央区銀座 x-x-xx　○○○ビルディング x 階
　　　　　　　　　　　　　　　　　　○○税理士法人
氏名　代表社員　○○　○○　㊞

認　　定　（更　新）　申　　請　　書

中小企業等経営強化法第26条第1項（第28条第1項）の規定に基づき、認定（更新）を受けたいので、下記について添付書類を添えて申請いたします。この申請書及び添付書類の記載事項は、事実に相違ありません。

1　事務所の所在地
2　経営革新等支援業務に関する事項
　一　経営革新等支援業務の内容
　二　経営革新等支援業務の実施体制
　　(1)　経営革新等支援業務の統括責任者、当該統括責任者を補佐する者及び当該経営革新等支援業務を行う者の氏名
　　(2)　その他の経営革新等支援業務の実施体制に関する事項

（添付書類）
1　第2条第1項第2号の規定に掲げる要件に適合することを証する書類
　　(1)　専門的知識を有する証明書
　　(2)　支援者からの関与を有する証明書
　　(3)　実務経験証明書

2　中小企業等経営強化法第27条各号（第28条第2項において準用する同法第27条各号）に該当しないことを証する書類
　　誓約書

備考
1　申請者が法人である場合においては、住所及び氏名は、それぞれの法人の主たる事務所の所在地、名称及びその代表者の氏名を記載すること。
2　用紙の大きさは、日本工業規格A4とすること。

様式第1 (第2条第2項及び第6条第1項関係)

---

1 事務所の所在地
本店:〒xxx-xxxx　東京都中央区銀座 x-x-xx　〇〇〇ビルディング × 階
TEL：xxx-xxxx-xxxx
FAX：xx-xxxx-xxxx
E-mail：xxx-xxxx@xxxxx-xxx.xxxx

2　経営革新等支援業務に関する事項
　　一　経営革新等支援業務の内容
経営状況の分析、事業計画の策定支援・実行支援など

　　二　経営革新等支援業務の実施体制
　(1)　経営革新等支援業務の統括責任者、当該統括責任者を補佐する者及び当該経営革新等支援業務を行う者の氏名

1. 統括責任者　　〇〇 〇（税理士）
2. 担当補佐　　　〇〇 〇（税理士）
3. 担当主任　　　〇〇 〇

---

　(2)　その他の経営革新等支援業務の実施体制に関する事項

1. 役員構成

フリガナ 氏名	役職	性別	生年月日	住所
xxxx　xxx 〇〇　〇〇	社員	男	xxxx年x月x日	東京都〇〇区 〇〇x丁目x番
xxxx　xxx 〇〇　〇〇	社員	男	xxxx年x月x日	千葉県〇〇市 〇〇x丁目x番

2. 実施体制
　本店

　当社の実施体制として、本店に統括責任者、統括責任者を補佐する者及び当該経営革新等支援業務を行う者を配置している。
　当社は当該経営革新等支援業務を行う者が、経営革新等支援業務を長期的にわたり継続的に実施するために必要な体制が構築されている。
　なお、本実施体制で取り扱うことができる相談内容等は、創業等支援、事業計画作成支援、経営改善、事業承継、M&A、海外展開等といった領域となります。

3. 基本方針への適合

I. 経営革新等支援業務を実施した中小企業者等に対する案件の継続的なモニタリングについて

　経営革新等支援業務を実施した内容について、事業計画の進捗状況の把握に努めるとともに、継続的に経営支援を行うため、必要に応じて、計画の修正や対処策を講じる。

II. 経営革新等支援機関相互の連携、外部支援機関等の知見を活用した連携について

　経営革新等支援業務を実施するにあたり、経営革新等支援機関相互の連携や、支援業務を効果的に行うために独立行政法人中小企業基盤整備機構、独立行政法人日本貿易振興機構等の知見を活用し、中小企業者等に対し専門性の高い支援を行う。

III. 「中小企業の会計に関する基本要領」又は「中小企業の会計に関する指針」に拠った信頼性のある計算書類等の作成及び活用の推奨について

　経営革新等支援業務を実施する際には、中小企業の経営力の強化、資金調達力の向上を図るために、中小企業の実態に配慮した、「中小企業の会計に関する基本要領」又は「中小企業の会計に関する指針」を積極的に活用し、財務状況の見える化、経営改善を図ることとする。

4. 事業基盤
開業日：平成××年××月××日

(単位：千円)

申請前決算済3期の売上高、経常利益、当期純利益及び純資産					
平成××年度		平成××年度		平成××年度	
売上高	経常利益	売上高	経常利益	売上高	経常利益
×××,×××	×××,×××	×××,×××	×××,×××	×××,×××	×××,×××
当期純利益 （税引き後）	純資産 （資産－負債）	当期純利益 （税引き後）	純資産 （資産－負債）	当期純利益 （税引き後）	純資産 （資産－負債）
×××,×××	×××,×××	×××,×××	×××,×××	×××,×××	×××,×××

備考
1　申請者が法人である場合においては、住所は、法人の主たる事務所の所在地を記載すること。
2　用紙の大きさは、日本工業規格Ａ４とすること。

様式第1(第2条第2項及び第6条第1項関係)

専 門 的 知 識 を 有 す る 証 明 書

1．専門的な知識を有していることを証する資格又は免許等

資格又は免許等の名称
税理士法に基づく税理士法人を設立している。
資格又は免許等を有している者の氏名
法人名：〇〇税理士法人 1. 統括責任者　〇〇　〇〇（税理士／常勤） 2. 担当補佐　〇〇　〇〇（税理士／常勤） 3. 担当主任　〇〇　〇〇（常勤）
資格又は免許等を取得した年月日
設立年月日：平成xx年xx月xx日

2．経営革新計画等の策定を行う際に、主たる支援者として関与した計画

主たる支援者の氏名	計 画 の 内 容	認定番号	認定日

備考
1　資格又は免許等を有している者が法人である場合においては、法人の名称及びその代表者の氏名を記載すること。
2　用紙の大きさは、日本工業規格Ａ4とすること。
3　同等以上の能力を有している場合は、その証明書を添付すること。

様式第1（第2条第2項及び第6条第1項関係）

実 務 経 験 証 明 書

　下記の者は、経営革新等支援業務に係る1年以上の実務経験を有することに相違ないことを証明します。

平成××年××月××日
東京都中央区銀座×-×-××　○○○ビルディング×階
○○税理士法人
証明者　代表社員　○○　○○　㊞

記

実務者の氏名	所属部署	実務経験の内容	実務経験年数
○○　○○		財務書類の作成等、中小企業等の経営状況の分析、事業計画の策定支援・実行支援等	××××年×月から現在まで
○○　○○		〃	××××年×月から現在まで
○○　○○		〃	××××年×月から現在まで
			年　月から　年　月まで
			年　月から　年　月まで
			年　月から　年　月まで
			年　月から　年　月まで
			年　月から　年　月まで
			合計　満××年××月

備考
1　同等以上の能力を有している場合は、その証明書を添付すること。
2　用紙の大きさは、日本工業規格A4とすること。

様式第1（第2条第2項及び第6条第1項関係）

実 務 経 験 証 明 書

　下記の者は、中小企業等に対する支援に関し、3年以上の実務経験を有することに相違ないことを証明します。

平成 xx 年 xx 月 xx 日
東京都中央区銀座 x-x-xx　○○○ビルディング x 階
○○税理士法人
証明者　代表社員 ○○ ○○ 印

記

実務者の氏名	所属部署	実務経験の内容	実務経験年数
○○ ○○		税務相談・申告等	xxxx年x月から現在まで
○○ ○○		〃	xxxx年x月から現在まで
○○ ○○		〃	xxxx年x月から現在まで
			年　月から　年　月まで
			年　月から　年　月まで
			年　月から　年　月まで
			年　月から　年　月まで
			年　月から　年　月まで
			年　月から　年　月まで
			合計　満 xx年 xx月

備考
1　同等以上の能力を有している場合は、その証明書を添付すること。
2　用紙の大きさは、日本工業規格A4とすること。

様式第1 (第2条第2項及び第6条第1項関係)

誓　約　書

平成xx年xx月xx日

○○財務局長　　　　○○　○○　殿
○○経済産業局長　　○○　○○　殿

住所　東京都中央区銀座 x-x-xx　○○○ビルディング x 階
○○税理士法人
氏名　代表社員 ○○　○○　　㊞

　当社（私）は、中小企業等経営強化法第27条第1号から第8号まで（第28条第2項において準用する同法第27条第1号から第8号まで）のいずれにも該当しない者であることを誓約いたします。

備考
1　申請者が法人である場合においては、住所及び氏名は、それぞれの法人の主たる事務所の所在地、名称及びその代表者の氏名を記載すること。
2　用紙の大きさは、日本工業規格Ａ4とすること。

（認定支援機関登録シート）

I 貴方の概要について

問1 あなたの氏名又は名称及び所在地を記載してください。

氏名又は名称	○○税理士法人		
所在地	東京都 / 市区町村 中央区銀座	番地、建物名等	x-x-xx ○○ビルディング x階

※御提供いただいた情報は、経済産業局ホームページの認定支援機関一覧に反映することになりますので、当該一覧に掲載している氏名又は名称を記入してください。当該一覧に掲載している氏名又は名称を記入されない場合、当該一覧に反映できない場合がございます。

※法人で、従たる事務所（支店、単会等）があり、連絡先等が複数ある場合は別紙2「公表事項追加登録シート（法人用）」に記載してください。また、必要に応じ別紙2に列・行を加えて記載しても構いません。

問2 主たる事務所の電話番号・FAX番号を記載してください。（市外局番から記載をお願いします。）

電話番号	xx-xxxx-xxxx	FAX番号	xx-xxxx-xxxx

問3 ホームページを開設されている方はURLを記載してください。

URL	http://www.xxxxxxx.com/

II 相談対応について

問4 貴方の支援内容とが支援可能な中小企業・小規模事業者の業種について、該当する選択肢に✔をつけてください（複数回答可）。

[支援内容]　※申請書に記載した内容と齟齬を来さないよう注意してください。

- ☑ a:創業支援
- ☑ b:事業計画作成支援
- ☑ c:経営改善支援
- ☑ d:事業承継支援
- ☑ e:M&A
- ☐ f:生産管理・品質管理
- ☐ g:情報化戦略
- ☐ h:知財戦略
- ☐ i:販路開拓・マーケティング
- ☐ j:マッチング支援
- ☐ k:産学官連携
- ☐ l:人材育成支援
- ☐ m:人事・労務
- ☑ n:海外展開等支援
- ☐ o:BCP作成支援
- ☐ p:物流戦略
- ☐ q:金融・財務
- ☐ r:事業再生
- ☐ s:その他の支援（　　　　　　　　　　　　　　　　　　　　）

[支援業種]

- ☐ a:農業、林業
- ☐ b:漁業
- ☐ c:鉱業、採石業、砂利採取業
- ☑ d:建設業
- ☑ e:製造業
- ☐ f:電気・ガス・熱供給・水道業
- ☐ g:情報通信業
- ☐ h:運輸業、郵便業
- ☑ i:卸売業、小売業
- ☑ j:金融業、保険業
- ☐ k:不動産業、物品賃貸業
- ☐ l:学術研究、専門・技術サービス業
- ☑ m:宿泊業、飲食サービス業
- ☐ n:生活関連サービス業、娯楽業
- ☐ o:教育、学習支援業
- ☑ p:医療、福祉
- ☐ q:複合サービス事業
- ☐ r:サービス業（他に分類されないもの）
- ☐ s:公務（他に分類されるものを除く）
- ☐ t:分類不能の産業

問5 窓口での相談が対応可能な時間を記載してください。

対応日時	平日9:00～12:00　13:00～18:00

問6 メールでの相談を受け付けている場合、メールアドレスを記載してください。

メールアドレス	xxxx.xxxx@xxxxxx.com

III 経営課題に対する支援体制について

問7 貴方の支援特徴、PR、セールスポイント、支援の成功事例等について記載してください。（400字以内）

なお、当該項目は政府のホームページ「認定支援機関一覧」に掲載され、中小企業・小規模事業者を始めとして広く公開されることとなるため、誤解等を与える恐れがある表現等はお控えいただくようお願いいたします。また、情報の客観性等の確保のため、掲載に当たっては、事実関係を確認させていただくことがございます。

企業オーナーの場合、相続対策として特に問題となるのが事業承継対策です。相続人が複数いる場合に後継者を誰にするのか、いつの段階で引き継ぐのか、後継者以外の相続人にはどのような財産を相続させるのかなど検討しなければならない事項が多岐にわたることが考えられます。また、その対策も実行していく過程で後継者に譲ったことで事業が衰退したり、後継者以外の相続人がもともといるなどの企業のニーズに合ったものでなければまったく意味がありませんので注意が必要です。当社では、事業の活性化、後継者の育成なども踏まえた上で円滑に事業が承継されるための事業承継対策案を作成し、計画から実行までをトータル的にサポート致します。
さらに、事業承継税制を踏まえた自社株対策や納税資金としての退職金対策などあらゆる相続対策も含めた提案をしていきます。

問8 貴方が他の認定支援機関等と連携して支援を行っている業種について、該当する選択肢に✔をつけてください。（複数回答可）

- ☑ a:税理士
- ☑ b:弁護士
- ☑ c:公認会計士
- ☐ d:中小企業診断士
- ☐ e:金融機関
- ☐ f:商工会
- ☐ g:商工会議所
- ☐ h:中小企業団体中央会
- ☐ i:都道府県センター
- ☐ j:再生支援協議会
- ☐ k:地域経済活性化支援機構
- ☐ l:都道府県・市区町村
- ☐ m:中小企業基盤整備機構
- ☐ n:日本貿易振興機構
- ☐ o:日本政策金融公庫
- ☐ p:その他（　　　　　　　　　　　　　　　　　　　　　　　　　　　　）

第3編 事業承継税制における留意点 175

IV 支援実績について

問9 これまで貴方が行った支援業務のうち、認定支援機関の関与を要件とする補助金の採択実績がある場合、該当する選択肢に✔をつけてください。（複数回答可）
また、件数について公表を希望する場合は、件数についても記載してください。

- □ a: ものづくり中小企業・小規模事業者試作開発等支援補助
- □ b: 地域需要創造型等起業・創業促進補助1
- □ c: 小規模事業者活性化補助金
- □ d: 認定支援機関による経営改善計画策定支

V 地域プラットフォームについて

問10 貴方が参画している地域プラットフォーム名を記載してください。
（地域プラットフォームに参画していない場合は無記載、複数の場合は句点をいれて提出してください）

VI ミラサポについて

問11 支援ポータルサイト「ミラサポ」（注7）への専門家登録状況について、該当する選択肢に1つ〇をつけてください。
（選択肢bを選択した方は、下記のミラサポ専門家登録シート（法人用）も記載してください。）

注7）ミラサポ
国や公的機関の支援情報・支援施策をわかりやすく提供するとともに、経営の悩みに対する先輩経営者や専門家との情報交換の場を提供する支援ポータルサイト。

- ○ a: 認定支援機関（個人）でありミラサポへ登録している
- ○ b: 認定支援機関（法人）でありミラサポへ登録している
- ● c: ミラサポには登録していない

ミラサポ専門家登録シート（法人用） ※当箇所に対する回答は公表されません

店舗名（支店、単会等）	当該店舗（支店、単会等）に所属し、専門家登録している個人名

※このシートに記入した事項のうち、氏名又は名称・所在地・電話番号の変更は、実印を押印した「申請書記載事項変更届出書」原本の提出が必要となります。

〇関東経済産業局からの連絡先（非公表）

連絡先1
氏名	〇〇 〇〇
電話番号	xx-xxxx-xxxx
メールアドレス	xxxx.xxxx@xxxxxx.com

連絡先2
氏名	〇〇 〇〇
電話番号	xx-xxxx-xxxx
メールアドレス	xxxx.xxxx@xxxxxx.com

(3) 経営革新等支援機関の認定の更新申請

経営革新等支援機関認定制度の更新制が平成30年7月9日より導入されている。認定を受けた日から起算して5年を経過するまでに認定の更新を受ける必要がある。なお、既に更新時期を経過した方を含む認定日が平成27年7月8日以前である方は平成32年7月8日までに認定の更新を受ける必要がある。詳細なスケジュールは中小企業庁のホームページを参照して頂きたい。

http://www.chusho.meti.go.jp/keiei/kakushin/nintei

(4) 経営革新等支援機関の変更届出

認定経営革新等支援機関は、次の①、②に掲げる事項に変更があった時には、遅滞なく、③については、あらかじめ申請書記載事項変更届出書（様式第2）を提出しなければならない。

① 氏名又は名称及び住所並びに法人にあっては、その代表者の氏名
② 事務所の所在地
③ 経営革新等支援業務の内容及び実施体制等（注）

（注）経営革新等支援業務の統括責任者又は当該統括責任者を補佐する者の変更については、軽微な変更として更新申請の提出を要しない。

(5) 経営革新等支援機関の廃止届出

経営革新等支援機関を廃止しようとする場合、廃止届出書（様式第3）の提出が必要になる。廃止届出書には、廃止しようとする年月日、廃止の理由を記載する必要がある。

〔編者紹介〕

アースタックス税理士法人

　アースタックス税理士法人では、個人事業主から大企業までクライアントの規模を問わず幅広く税務顧問及び相談業務に従事している。事業規模や業種によって多様化しているクライアントのニーズに対応すべく、相続・事業承継、企業再編、不動産証券化、国際税務などの付加価値の高いコンサルティングサービスも提供しており、クライアントの事業の発展に貢献することを意識して業務を展開している。

〔執筆者紹介〕

代表社員　税理士・CFP　島添　浩

　中央大学卒業。大手生命保険会社、会計事務所での勤務を経て2000年税理士登録し、島添税務会計事務所を開設した後、2006年にアースタックス税理士法人を設立し、代表社員に就任する。現在は、一般企業の税務顧問業の他、相続事業承継、企業再編などの経営コンサルティング業務にも従事し、各種研修機関や専門学校（TAC）の税法実務セミナーの講師や税務に関する執筆も務めている。

代表社員　税理士　中村　武

　明治大学卒業。アーサーアンダーセン及びKPMG税理士法人での勤務を経て2005年税理士登録し、中村武税理士事務所を開設した後、2006年にアースタックス税理士法人を設立し、代表社員に就任する。現在は、不動産・債権・株式投資・リース等の証券化業務、M&A及び企業再編、国際税務に従事し、国立大学や専門学校（TAC）にて税法の非常勤講師も務めている。

マネージャー　佐藤　哲也
2008年5月入所
立命館大学卒業。一般法人及び個人事業主の税務顧問業務のほか、グループ企業の企業再編や不動産ファンド業務にも携わっており、主にグループ企業の税務会計決算業務やSPC業務を担当している。

マネージャー　加藤　昌彦
2008年10月入所
拓殖大学政経学部卒業。一般法人及び個人事業主の税務顧問業務のほか、グループ会社の企業再編や不動産ファンド業務にも携わっており、オーナー企業の相続事業承継対策などの資産税コンサルティングも担当している。

マネージャー　安間(あんま)　敬之
2010年1月入所
東京理科大学工学部卒業。中小企業及び個人事業主の税務顧問業務のほか、不動産ファンド業務にも携わっており、主に相続事業承継業務や不動産ファンド業務の税務会計決算業務を担当している。

マネージャー　壽命(じゅみょう)　正晃
2011年9月入所
専修大学卒業。一般法人及び上場関連会社の税務顧問業務のほか、企業再編や不動産ファンド業務にも携わっており、主に上場関連会社の税務申告業務や不動産ファンド業務の税務会計決算業務、投資家対応業務を担当している。

税理士　發知(ほっち)　諭志
2015年9月入所
日本大学卒業。一般法人及び個人事業主を中心に幅広い税務顧問業務を担当するとともに、企業再編等のアドバイザリー業務を担当している。

本書の内容に関するご質問は、ファクシミリ等、文書で編集部宛にお願いいたします。(fax 03-6777-3483)
　なお、個別のご相談は受け付けておりません。

新・事業承継税制
「特例承継計画の作成から納税猶予・免除まで」手続きガイド

平成30年10月5日　初版第1刷印刷　　　　　　　　　　　　　（著者承認検印省略）
平成30年10月30日　初版第1刷発行

　　　　　　　　　　　　　　Ⓒ編　　者　アースタックス税理士法人
　　　　　　　　　　　　　　　発行所　税　務　研　究　会　出　版　局
　　　　　　　　　　　　　　　　　　　　　週刊「税務通信」「経営財務」発行所

　　　　　　　　　　　　　　　代表者　山　　　根　　　　　毅

　　　　　　　　　　　　　　郵便番号100-0005
　　　　　　　　　　　　　　東京都千代田区丸の内1-8-2
　　　　　　　　　　　　　　　鉄鋼ビルディング
　　　　　　　　　　　　　　振替00160-3-76223
　　　　　　　　　　　　　　電話〔書　籍　編　集〕　03(6777)3463
　　　　　　　　　　　　　　　　　〔書　店　専　用〕　03(6777)3466
　　　　　　　　　　　　　　　　　〔書　籍　注　文〕　03(6777)3450
　　　　　　　　　　　　　　　　　　（お客さまサービスセンター）

● 各事業所　電話番号一覧 ●

北海道	011(221)8348	神奈川	045(263)2822	中　国	082(243)3720
東　北	022(222)3858	中　部	052(261)0381	九　州	092(721)0644
関　信	048(647)5544	関　西	06(6943)2251		

当社HP → https://www.zeiken.co.jp

乱丁・落丁の場合はお取替え致します。　　　　　　印刷・製本　㈱光邦

ISBN978-4-7931-2392-4